Eva Breunig

# *Florian und das Geheimnis des alten Tagebuchs*

Eva Breunig

# FLORIAN

## und das Geheimnis des alten Tagebuchs

Schulte & Gerth

*Für Thesi und Agi*


Best.-Nr. 815 694
ISBN 3-89437-694-5
1. Auflage 2000
2. Auflage 2002
Illustrationen: Eva Breunig
Umschlaggestaltung und Titelfoto: Michael Wenserit
Satz: Die Feder GmbH, Wetzlar
Druck und Verarbeitung: Ebner & Spiegel, Ulm
Printed in Germany

Na, das konnten ja echt heitere Ferien werden! Vor zwei Tagen hatten Mama und Stephan mich bei Oma in Rothnersbach abgeliefert; und seitdem war rein gar nichts Interessantes passiert. Was sollte man auch in so einem Kaff, das noch nicht mal ein richtiges Dorf war, vier Wochen lang anfangen?

Okay, ich hatte früher schon öfter mal ein paar Tage hier verbracht. Aber erstens war Mama dann dabei gewesen, zweitens war ich jünger, und drittens hatte meine Kusine Petra damals noch mit mir gespielt. Aber die war jetzt fünfzehn und glaubte anscheinend, dass sie eine „junge Dame" war. Sie hatte plötzlich einen Freund (der besaß ein *Moped*, ach, wie toll!), und mit so einem kleinen zwölfjährigen Milchbubi wie mir wollte sie sich da natürlich nicht mehr abgeben. Aber egal. Mit der blöden Tussi wollte ich sowieso nicht spielen!

Jetzt hatte es auch noch zu regnen begonnen. Ich hockte in der Wohnküche am Fenster und starrte trübsinnig in den Regen hinaus. Die Oma stand hinter mir an dem großen gusseisernen Herd, rührte in den Töpfen herum und sagte: „Na, Florian, weißt du gar nichts mit dir anzufangen?"

Ich zuckte nur die Achseln und brummte. Was sollte ich darauf schon antworten? Nicht mal schwimmen gehen konnte man bei dem Wetter!

„Ich versteh ja, dass du nichts mit der Petra machen willst", fuhr die Oma fort. „Die ist halt jetzt ein dummer Backfisch, da kann man nichts machen!" Immerhin tat es gut, dass sie über meine Kusine derselben Meinung war wie ich! „Aber warum freundest du dich nicht mit den Raberger-Kindern an?", fragte die Oma weiter. „Die sind in deinem Alter, das wär doch was!"

Meine Miene verdüsterte sich noch mehr. Zum Raberger-Hof musste man ein paar Minuten über die holprige Schotterstraße gehen, und ich hatte eine undeutliche Erinnerung an ein paar Kinder, die ich mal von ferne gesehen hatte. Aber ich hatte keine Lust, mich mit irgendwelchen blöden Bauernkindern anzufreunden. Ich hätte Lust gehabt, in Wien bei meinen richtigen Freunden zu bleiben, jawohl! Beim Tobias, dem Patrick, dem Engin – ach nein, der war ja zu seinen Großeltern in die Türkei gefahren! –, dem Michi, dem Thomas . . . Was hätten wir für Spaß haben können! Michis Mutter hätte sicher erlaubt, dass ich bei denen wohne. Aber nein, hier saß ich nun in Rothnersbach, und weit und breit gab es nichts als Kühe, Bauernkinder und eine zickige Kusine!

Tolle Ferien!

„Warum müssen die auch gleich vier Wochen wegbleiben!", knurrte ich die Fensterscheibe an, an der die Regentropfen herunterrannen.

Oma seufzte hinter mir. „Weißt du, Florian . . .", setzte sie an, „du . . . du bist doch schon groß, du verstehst doch schon eine ganze Menge . . ."

Ich verdrehte die Augen, aber das konnte die Oma nicht sehen, weil ich ihr ja den Rücken zuwandte. Ich wusste, was jetzt kommen würde. Und da kam es auch schon:

„Ich bin so froh für deine Mama, dass sie den Stephan kennen gelernt hat! Seit dein Papa ums Leben gekommen ist, war sie immer allein, acht Jahre lang. Und ich denke, du solltest es ihr gönnen, dass sie jetzt wieder glücklich ist!"

Ich knirschte grimmig mit den Zähnen. *Wieder glücklich?* War sie vielleicht unglücklich gewesen mit mir? War ich vielleicht nicht genug? Also, was mich betraf, hätten wir beide ru-

hig allein bleiben können! *Ich* hatte keinen besonderen Bedarf nach einem Stiefvater! Aber jeder schien zu glauben, dass ich es toll finden müsste. Bei der Hochzeit vor ein paar Tagen hatten alle Leute auch mir gratuliert! Komisch, nicht? Als ob *ich* geheiratet hätte und nicht meine Mutter! Und nun waren Mama und Stephan auf Hochzeitsreise abgerauscht, und mich hatten sie derweil hier in der Einöde abgestellt. Mich konnten sie eben nicht gebrauchen ...

„Ich weiß, dass es für dich nicht leicht ist", redete die Oma weiter, und ich bezweifelte, dass sie das wirklich wusste. „Aber der Stephan ist so ein besonders lieber Mensch, du wirst dich bestimmt gut mit ihm verstehen."

Jetzt hatte ich aber genug. Das Gefasel vom „besonders lieben Menschen" kam mir allmählich zu den Ohren raus! Und auch, dass jeder meinte, es würde mir Wunder wie gut tun, endlich wieder einen Vater zu haben! So ein Quatsch! Stephan war nicht mein Vater, und er würde es auch nie sein! Mein Vater war vor acht Jahren bei einem Autounfall gestorben. Ich war damals erst vier gewesen, darum erinnerte ich mich nur wenig an ihn, aber trotzdem war er mein einziger Vater, und einen anderen wollte ich nicht und brauchte ich nicht!

„Ich schau einmal nach den Katzen!", sagte ich, weil ich einen Vorwand brauchte, um aus der Küche rauszukommen. Die Unterhaltung war gar nicht nach meinem Geschmack! Ich holte mir mein Buch – ich las gerade „Die Schatzinsel" – und verzog mich auf den Heuboden. Da hatte ich wenigstens Ruhe. Im weichen, duftenden Heu lag ich unter einer Dachluke, hörte den Regen aufs Dach trommeln und träumte mich in eine Welt hinein, in der mutige Helden und skrupellose Schurken nach vergrabenen Schätzen suchten.

Warum passierte mir bloß nie so was Aufregendes?

## 2

Onkel Franz sagte beim Mittagessen, dass das Wetter bald besser würde, und tatsächlich hörte es kurz darauf zu regnen auf. Die Wolken rissen auf und die Sonne blinzelte hervor.

Ich beschloss, ein wenig im Wald herumzuklettern und Abenteuer zu suchen. Als ich den Hof gerade verlassen wollte, kam Rolli schwanzwedelnd hinter mir hergejagt. Freudig bellend sprang er an mir hoch und versuchte mein Gesicht abzuschlecken.

„Guter Hund! Lieber Rolli!" Ich streichelte und tätschelte ihn ausgiebig. Rolli war ein dunkelhaariger Schäferhund-Mischling. Ich hatte ihn schon als Hundebaby gekannt, als er sich immer in den Kuhfladen gewälzt und dann ganz ungeheuer nach Stall gestunken hatte; daher kam auch sein Name. Mittlerweile war er aber ein ganz gut erzogener, einigermaßen brauchbarer Wachhund geworden.

„Gehst du mit mir in den Wald? Braver Hund! Komm, wir gehen zur Ruine!" Ich pfiff dreimal kurz, und Rolli sprang vergnügt hinter mir her.

Ich schlug den Weg talwärts zur Klamm ein. Hier oben bei uns auf den Berghängen schlängelte sich der Rothnersbach in großzügigen Windungen über die Wiese. In manchen Biegungen wurde der Bach sogar so breit, dass man darin hätte schwimmen können, wenn das Wasser nicht so mörderisch kalt gewesen wäre. Aber weiter unten schnitt der Bach eine tiefe, steile Klamm in den Felsen. An einer Stelle wurde die Schlucht so schmal, dass man die Straße dort längs über den

Bach hatte bauen müssen, weil für beide, Bach und Straße, nicht genug Platz nebeneinander war. An dieser Stelle stand ich gern in der Mitte der Straße (Autos kamen ohnehin nur ganz selten vorbei) und schaute hinauf auf die senkrechten Felswände, die sich oben fast zu berühren schienen, und auf das schmale Stück Himmel dazwischen.

Die Straße führte dann weiter in den eigentlichen Ort Rothnersbach mit dem Laden, der Kirche, dem Gemeindeamt und der Schule. Aber kurz nach der Engstelle zweigte seitlich ein schmaler Trampelpfad ab, der in einem lang gestreckten Bogen zur Ruine hinauf führte. Die Ruine bestand aus ein paar Mauerresten einer kleinen Burg, die vor langer Zeit direkt am Rand der Schlucht erbaut worden war. Von der Rückseite konnte man sie über einen Trampelpfad recht bequem erreichen, aber die Vorderseite stand direkt am Abgrund. Von dort konnte man gut hundert Meter senkrecht in die Klamm hinunterschauen, auf deren Grund ganz klein der Bach und die Straße zu sehen waren. Schon früh hatte Mama mir eingeschärft, niemals auch nur das kleinste Steinchen hinunterzuwerfen, denn selbst ein kleiner Stein, der aus dieser Höhe herunterfiel, konnte unten jemanden erschlagen.

Ich ging ganz gern zur Ruine hinauf. Wenn man von oben aus der Höhe auf den Bach runtersah, verursachte das so ein schön mulmiges Gefühl im Magen. Auch malte ich mir gern aus, wie die Ritter und die schönen Ritterfräulein früher da oben gelebt haben mochten. Ich hatte eine Menge Geschichten über Ritter gelesen.

Rolli war ungeheuer verspielt aufgelegt. Ständig musste ich mit ihm raufen oder ihm Stöckchen werfen. Nach einem kurzen Fußmarsch erreichten wir die Stelle, wo der schmale Pfad abzweigte. Er war von Gestrüpp überwuchert und kaum noch zu finden. Anscheinend ging hier nicht oft jemand durch. Vielleicht war ich überhaupt der Einzige, der den Auf-

stieg zur Ruine noch kannte? Ich könnte mir dort oben ein geheimes Lager errichten und von da aus Überfälle auf Petra und ihren Freund mit dem Moped planen! Dieser Gedanke beflügelte mich. Gut, dass ich meine Pfadfinderausrüstung mitgebracht hatte!

Wir hatten noch nicht einmal die Hälfte des Anstieges bewältigt, als Rolli plötzlich vom Weg abwich.

Ich pfiff. „Hierher, Rolli!“ Er kam auch wirklich, stupste mich mit der Nase und lief wieder in der falschen Richtung davon.

„Rolli! Guter Hund, braver Hund! Komm her!“, lockte ich. Aber Rolli hörte nicht. Immer wieder verschwand er durch ein Loch im Gebüsch, bellte auffordernd und sah sich um, ob ich ihm denn auch nachkam. Irgendwas musste er gefunden haben! Auf einmal spürte ich eine kribbelnde Erregung. Was mochte da im Gebüsch verborgen sein? Ein Schmugglerversteck? Eine Schatzkarte? Ein halb verwestes Mordopfer? Ich, Florian Schindler, würde das Rätsel lösen, was auch immer es war! Ich ließ die Ruine Ruine sein und folgte Rolli ins Gebüsch.

Nur kurz musste ich mich durchs Unterholz zwängen, dann gelangte ich auf einen überwucherten Hohlweg, den ich noch nie gesehen hatte. Allem Anschein nach wurde er nie begangen; deswegen war ja auch der Einstieg völlig zugewachsen. Rolli sprang bellend voran, und ich folgte ihm. Der Weg führte durch dichten Wald von dem Ruinenfelsen, den wir schon halb bestiegen hatten, wieder abwärts in ein Seitental, das ich nicht kannte. Offenbar kannte ich mich in der Gegend doch weniger aus, als ich gedacht hatte! Nach einer Weile öffnete sich der Wald zu einer Lichtung und schließlich zu einer großen Wiese. Vor mir erhob sich ein verfallenes Haus, das durchaus so aussah, als ob es Abenteuer verheißen würde.

Rolli sah etwas anderes, nämlich ein Rudel Rehe, die auf der Wiese ästen. Wild bellend schoss er vorwärts – ich hatte keine Chance, ihn am Halsband zu erwischen! Wenige Schritte vor dem Haus hielt er an. Erst jetzt bemerkte ich den gut drei Meter hohen Maschendrahtzaun, der uns von dem Haus trennte. Rolli stemmte sich mit den Vorderpfoten gegen den Zaun und bellte wie verrückt die Rehe an.

# 3

„Still, Rolli! Aus! Wirst du wohl aufhören!“ Der Besitzer des Geheges würde wahrscheinlich nicht begeistert sein, wenn sein Wild hier verbellt wurde! Aber Rolli warf sich immer wieder gegen das Gitter und bellte sich heiser. Ich musste ihn schließlich am Halsband festhalten und schütteln. „Pfui! Wirst du ruhig sein!“

Endlich hörte er auf. Seine Zunge hing ihm lang aus dem Maul und er hechelte aufgeregt. Die Rehe hatten den Angriff gelassen genommen und sich nur gemächlich ein paar Schritte weiter weg bewegt.

Ich wäre ja nur zu gern über den Zaun gestiegen, um die Geheimnisse zu ergründen, die das verfallene Haus zweifellos verbarg. Aber was sollte ich derweil mit Rolli machen?

„Sitz!“, befahl ich, und er gehorchte. „Guter Hund! Bleib schön da sitzen, Florian kommt gleich wieder!“

Es war ein Kinderspiel, an dem starken Maschendraht hinaufzuklettern. Ich schwang mich hinüber und erreichte gerade den Boden, als von der anderen Seite der Lichtung ein Mann auftauchte, der auf uns zugerannt kam und etwas brüllte.

„. . . schau, dass d' weitakummst!“, verstand ich. „Und das Hundsvieh . . .! . . . Rotzbua . . . privat . . .!“

Den Rest der Schimpfkanonade konnte ich mir ungefähr vorstellen. Wie der Blitz war ich wieder auf dem Zaun oben, sprang fast von der vollen Höhe runter und stob davon, Rolli mir nach.

„Das Wildgehege ist Privatbesitz der Familie Kuhn-Altenfels!“, schrie der Wildhüter mir nach. „Da habt's ihr G'sindel nix verloren! Und frei laufende Hunde werden normalerweise erschossen, merk dir das!“

* * *

Ziemlich außer Atem erreichten wir wieder die Stelle, wo der Hohlweg vom Ruinenweg abgezweigt war. Erst hier erlaubte ich mir eine Pause. Rolli nutzte die Gelegenheit, um mir das verschwitzte Gesicht abzuschlecken. Buäh! Aber vielleicht mochte er den Salzgeschmack? Ich schlang meine Arme um ihn und drückte den warmen Hundekörper an mich.

„Kluger Hund!“, flüsterte ich in sein Ohr. „So ein schlauer Hund!“

Ich hatte natürlich die Idee, das verfallene Haus zu erforschen, keineswegs aufgegeben, ganz im Gegenteil! Dass das Gemäuer von einem Zaun und einem jähzornigen Wildhüter bewacht wurde und einer Familie mit adeligem Doppelnamen gehörte, machte die Sache ja nur noch interessanter!

Jetzt erst recht!

* * *

Als ich auf unseren Hof zurückkam, lümmelte Petra auf der Vortreppe herum und begrüßte mich herablassend.

„Na, hast du Erdbeeren gefunden, Kleiner? Gut, dass du den Hund mitgenommen hast, da kannst du wenigstens nicht verloren gehen!“

Sie hatte ihre hellbraunen Haare mit kleinen, glitzerbunten Klammern rund um den Kopf festgesteckt, was unglaublich affig aussah. Ihre Fingernägel waren lila lackiert, und dazu trug sie einen superengen Minirock und Sandalen mit so dicken Sohlen, dass es fast schon Stelzen waren. Wahrscheinlich wartete sie auf ihren Moped-Freund. Ich war bloß neugierig, wie sie in dem Rock auf das Moped aufsteigen wollte!

„Was ich im Wald gefunden habe, geht dich gar nichts an!", gab ich zurück. „In deinem Outfit kannst *du* ja nicht mal zwei Schritte in den Wald gehen, ohne dass du dir den Knöchel brichst!"

„Phh!" Sie zuckte die Achseln und schüttelte den Kopf. „Was soll ich denn im Wald? Im Unterholz herumkriechen ist was für Kinder! Ich fahr jetzt in die Disco!"

Wenn sie glaubte, dass ich jetzt beeindruckt war, dann hatte sie sich geschnitten.

„Um vier Uhr nachmittags?", höhnte ich. „Um die Zeit gehen in Wien die Babys in die Kinderdisco! Die richtige Disco fängt doch erst um elf Uhr nachts so richtig an!"

Ich wusste, dass sie das traf, denn so lange durfte sie natürlich nicht wegbleiben. Unser Geplänkel wurde von der Ankunft des angehimmelten Mopedfahrers beendet. Petra setzte sich seitwärts auf den Sitz hinter ihrem Typen. Ziemlich feige! Und verboten natürlich. Hochnäsig rauschten die beiden davon. Aber ich beneidete sie kein bisschen!

Ich half Oma, einen ganzen Berg Kartoffeln zu schälen, und fütterte dann die Schweine mit den Schalen. Dann goss ich den Gemüsegarten und rupfte sogar ein wenig Unkraut aus. Ich glaube, Oma wunderte sich, dass ich so brav war. Aber ich wartete ungeduldig auf den Abend und darauf, dass endlich alle ins Bett gingen!

* * *

Um zehn Uhr war es schließlich so weit. Petra war aus der „Kinderdisco" natürlich längst zurück. Onkel Franz und Tante Helga gingen früh schlafen, weil Erntezeit war und sie sehr früh aufstehen mussten. Endlich war es im ganzen Haus still.

Ich nahm mein Taschenmesser, ein Stück Schnur und, als Wichtigstes, meine Taschenlampe aus der Pfadfinder-Bereitschaftstasche. So leise ich konnte schlich ich aus meinem Zimmer im Obergeschoss an Petras Tür vorbei zur Treppe und von dort hinunter zur Eingangstür. Mist! Sie war verschlossen, und der Schlüssel steckte nicht im Schloss! Dass Onkel Franz aber auch so vorsichtig sein musste!

Leise zwängte ich mich durch die Küchentür. Ich wagte nicht, Licht zu machen. Im Finstern öffnete ich das Fenster. Von hier bis zum Boden draußen waren es kaum zwei Meter. Kein Problem für mich! Vorsichtig sprang ich hinaus. Vorbei an Rollis Hütte – Rolli erkannte mich und bellte zum Glück nicht –, schon war ich auf der Straße und wanderte im matten Schein des halben Mondes meinem Abenteuer entgegen.

# 4

Ich hätte nicht gedacht, dass der Wald bei Nacht so unheimlich war. Zwischen den Bäumen, wo der schwache Mondschein nicht hinkam, war es stockdunkel. Meine Taschenlampe beleuchtete nur ein winziges Fleckchen auf dem Weg und ringsherum im Gebüsch hörte ich alle möglichen Geräusche, die bei Tag nicht da zu sein schienen. Grillen zirpten, es raschelte und knackte und ab und zu ertönte der hohle Klang eines Eulenrufs. Ich musste mir gut zureden, dass all diese Geräusche mich bei Tag überhaupt nicht ängstigen würden, um weiterzugehen. Am unheimlichsten war der Hohlweg, denn hier war es noch dunkler als auf dem Anstieg zur Ruine, und außerdem kannte ich mich hier nicht gut aus. Fast wäre ich umgekehrt.

Endlich öffnete sich die Lichtung vor mir und es wurde heller. Vorsichtshalber drehte ich die Taschenlampe ab. Wer konnte wissen, ob der Giftzwerg von Wildhüter nicht auch nachts hier lauerte? Schon war ich am Wildzaun und im nächsten Moment drüben.

Das Haus sah im Mondschein wirklich sehr unheimlich aus. Aber jetzt gab es kein Zurück mehr. Ich umrundete die Mauern. Zwei der Nebengebäude waren völlig eingefallen und die Steine geschwärzt, als ob es hier vor langer Zeit gebrannt hätte. Das ehemalige Wohnhaus stand noch, aber das Dach war teilweise eingestürzt. Durch eine türlose Maueröffnung gelangte ich ins Innere. Drinnen sah es auch so aus, als ob schon lange niemand mehr hier gewohnt hatte.

Überall bröckelte der Verputz von den Wänden. Abgesehen von ein paar übrig gebliebenen Brettern gab es keinen Fußboden mehr, und das Unkraut wucherte aus allen Ritzen. Ich sah mich gründlich um, aber es gab nichts, was auf verborgene Schatzkarten oder vergrabene Geheimnisse schließen ließ.

Über eine wacklige Holzleiter gelangte ich zu einer vermoderten Klappe und schließlich auf den Dachboden. Durch das löchrige Schindeldach konnte man lauter kleine Fleckchen des mondhellen Himmels sehen.

Hier entdeckte ich das erste Möbelstück im ganzen Haus: eine hölzerne Truhe. Na endlich! Sie war mit einem rostigen Vorhängeschloss versperrt, aber mit Hilfe meines Taschenmessers war es ein Leichtes, das Ding einfach abzumontieren. (Normalerweise vergreife ich mich ja nicht an fremden Sachen, aber um das Zeug hier hatte sich offenbar seit Jahrhunderten niemand mehr gekümmert!) Ich hielt vor Aufregung den Atem an und öffnete den knarrenden Deckel.

In der Kiste lag ein Bündel Kleider. Ich zog sie heraus: Es waren altmodische Frauen- oder Mädchenkleider, Strümpfe, ein Paar abgetretene Schuhe. Wem mochten sie wohl gehört haben? Weiter unten in der Kiste fand ich noch ein paar Bücher. Darunter war auch „Robinson Crusoe". Das hatte ich auch schon mehrmals gelesen. Ob die Sachen in der Kiste vielleicht einem Kind gehört hatten? Ich grub noch tiefer, und dann fand ich endlich etwas wirklich Interessantes: ein handbeschriebenes Schulheft, in das mehrere lose Blätter und Kuverts eingelegt waren. Außen stand mit blassblauer Tinte: „Hedwig Weiß". Die Schrift war zierlich, ein wenig altmodisch verschnörkelt, aber ich konnte sie gut lesen. Ich konnte überhaupt viele Schriften gut entziffern; beim Lesen von Omas alten Büchern hatte ich mir selbst Fraktur beigebracht, das konnte sonst niemand in meiner Klasse.

Vorsichtig öffnete ich das Heft. Mein Gefühl sagte mir, dass hier drin ein Geheimnis verborgen war, das meine Ferien nun doch noch interessant machen würde.

Die erste Eintragung lautete:

14. JUNI 1944: *Mein erster Tag auf dem Thaler-Hof.*
*Ich habe alle Leute hier kennen gelernt. Frau Thaler, die eine entfernte Verwandte von Mutti ist. Großmutter und Großvater Thaler, das sind die Eltern von Herrn Thaler. (Herr Thaler ist eingerückt.) Und die Kinder: Willi ist zwölf, Resi ist acht und Hansi ist drei.*
*Wenn die Ernte vorbei ist, soll ich mich hauptsächlich um die Kinder kümmern. Ein bißchen komisch ist das schon, ich bin doch nur drei Jahre älter als der Willi! Aber ich bin entschlossen, alle Aufgaben so gut wie möglich zu erfüllen.*
*Für heute ist es genug. Ich bin müde von der Reise. Außerdem habe ich Heimweh nach Mutti. Schade, daß sie nicht mitkommen kann! Und wo mag mein lieber Vati sein? Seit drei Monaten habe ich ihn schon nicht mehr gesehen! Oh, dieser schreckliche Krieg!*
*Lieber Herr Jesus, beschütze uns!*

Das Heft schien also so eine Art Tagebuch zu sein, geschrieben von einem fünfzehnjährigen Mädchen – und das vor beinahe sechzig Jahren! Anscheinend war gerade Krieg. Was für ein Krieg? 1944? Das musste der zweite Weltkrieg sein, von dem meine diversen Großeltern manchmal erzählten. Ich las weiter:

20. JUNI 1944: *Ich bin ja doch ein Stadtkind! Die schwere Feldarbeit ist mir völlig ungewohnt. Mir tut alles weh! Einen Sonnenbrand habe ich mir auch schon geholt, trotz des großen Hutes, den Frau Thaler mir gab. Aber wenigstens gibt es genug zu essen. Wie gerne würde ich Mutti ein paar Eier oder eine Speckseite schicken! Aber das geht natürlich nicht. Ich muß schon sehr dankbar sein, daß die Familie Thaler mich aufgenommen hat. Mit aller Kraft will ich arbeiten, um ihnen nur ja nicht zur Last zu fallen!*
*Lieber Jesus, bitte segne Mutti und Vati!*

29. JULI 1944: *Heute habe ich Post von Mutti bekommen. Es geht ihr gut, schreibt sie. Aber ich glaube, wenn es ihr nicht gut ginge, würde sie es mir nicht sagen, um mich nicht zu beunruhigen. Vati hat auch geschrieben.*

Ich war drauf und dran, mich im Tagebuch von Hedwig Weiß festzulesen. Einem Buch konnte ich nun mal nicht widerstehen! Und dieses hier war noch dazu handgeschrieben, von einem Mädchen, das vor sechzig Jahren hier gelebt hatte, und alle Geschichten darin waren wahr! Und diese Hedwig hatte auch Heimweh nach ihrer Mutter, genau wie ich. Und ihr Vater war weit weg, genau wie meiner. Nun ja, meiner war tot. Aber ihrer war offenbar in den Krieg gezogen, das war bestimmt genauso schlimm.

Erst als das Licht meiner Taschenlampe trübe wurde und zu flackern begann, tauchte ich aus Hedwigs Tagebuch auf und machte mir klar, wo ich war. Ich saß auf einem einsturzgefährdeten Dachboden, der sich in Privatbesitz befand und von einem tollwütigen Wildhüter bewacht wurde, und das mitten in stockfinsterer Nacht!

Schnell steckte ich das Heft mit allen eingelegten Blättern unter dem T-Shirt in den Hosenbund. Ich wühlte mich noch einmal durch den Inhalt der Truhe, ob ich auch nichts Interessantes übersehen hatte, dann stieg ich über die morsche Leiter hinunter. Ich kletterte über den Zaun und lief nach Hause, so schnell ich konnte. Die Vorstellung, dass die Batterien meiner Taschenlampe am Ende sein könnten, solange ich noch im finsteren Hohlweg war, trieb mich zu höchster Eile an.

Das Küchenfenster stand noch offen; niemand schien meine Abwesenheit bemerkt zu haben. Ich machte einen Klimmzug auf das Fensterbrett – zum Glück war ich ein guter Turner – und schlich unentdeckt ins Bett.

# 5

Oma guckte ein bisschen komisch, als ich erst gegen Mittag zum Frühstück erschien.

„Du hast's gut!", brummte sie gutmütig. „Ich möchte auch noch mal Ferien haben!"

Wenn die wüsste . . .!

Es war ziemlich heiß, was in Rothnersbach recht ungewöhnlich war. Eigentlich wäre es der richtige Tag gewesen, um ins Schwimmbad zu gehen. (Petra und ihr Mopedtyp waren schon hingefahren, als ich noch schlief.) Aber Onkel Franz und Tante Helga waren mit der Ernte beschäftigt und hatten keine Zeit, mich hinzubringen. Also beschloss ich, stattdessen doch im Rothnersbach zu baden. Ich packte ein Handtuch, meine Badehose und Hedwigs Tagebuch ein und wanderte zu dem Platz, wo der Bach eine besonders großzügige Kurve macht. Am Rand der Kurve war im Lauf der Zeit eine Art kleiner Teich entstanden, in dem das Wasser fast ruhig stand und tief genug zum Schwimmen war. Am Ufer wuchs ein riesiger alter Baum neben dem Rest einer verfallenen Mauer. Ich glaube, es war eine Weide. Unzählige Liebespaare hatten Herzen und Initialen in die Rinde geritzt: „T & B 1962" und so ähnlich. Ein dicker Ast ragte weit über das Wasser. Wenn man sich traute, konnte man von da aus in das Wasserbecken springen.

Beim Näherkommen sah ich, dass auf diesem Ast jemand lag, träge wie eine Katze. Es war ein Mädchen mit kurzem, lockigem Haar. Sie trug ein gelbes T-Shirt und kurz abge-

schnittene, unten ausgefranste Jeans. Ihre nackten Beine hingen auf beiden Seiten des Astes herunter, so dass ihre Zehen die Wasseroberfläche berührten.

Frechheit! Das war *mein* Baum!

„Hi!", sagte ich, weil ich nicht wusste, was ich sonst sagen sollte.

„Hi!", antwortete sie und blinzelte mich schläfrig an. Sie war in meinem Alter, höchstens ein Jahr jünger als ich.

„Was machst du da?"

„Ich habe mir gerade ausgemalt, wie es wäre, wenn ich Maid Marian wäre und im Wald leben müsste", sagte sie, so als ob das eine normale Beschäftigung für einen Sommernachmittag wäre.

Ich horchte auf. Maid Marian? „Hast wohl den Robin-Hood-Film gesehen?", fragte ich vorsichtig nach.

„Ja, das natürlich auch. Aber das Buch gefällt mir besser."

Mein Herz machte einen kleinen Sprung. Bisher hatte ich immer gedacht, ich wäre die einzige Leseratte weit und breit. Nicht mal meine Freunde hatten Robin Hood richtig gelesen! Und nun fand ich ausgerechnet hier eine verwandte Seele?

Fast hätte ich ihr vorgeschlagen, Robin Hood zu spielen. Im letzten Moment schluckte ich die Worte dann doch noch runter. Robin Hood war Maid Marians Liebster! Wer konnte wissen, auf was für Ideen das Mädchen kam, wenn ich ihr *das* vorschlug?!

„Ich bin der Sheriff von Nottingham!", rief ich daher. „Wo steckt der Schurke Robin? Verratet es mir, edle Maid!"

Sie kicherte. Ich kletterte auf den Ast, auf dem sie lag, und schüttelte ihn. Plötzlich platschte es, und der Ast schnellte hoch. Das Mädchen war in voller Montur ins Wasser gefallen! Das hatte ich nicht gewollt! Ich erschrak so sehr, dass ich den Halt verlor und ebenfalls ins Wasser fiel.

Prustend kamen wir beide hoch. Sie lachte.

„Das erinnert mich eher an die Stelle, wie Little John und Robin sich das erste Mal begegnen", keuchte ich und schüttelte das Wasser aus den Haaren.

„Du hast das Buch auch gelesen?", staunte sie.

„Klar."

Weil wir schon drin waren, planschten wir gleich weiter im Wasser herum.

„Du bist eins von den Raberger-Kindern, stimmt's?", fragte ich. Sie nickte. „Und wie heißt du sonst noch?"

„Maria-Elisabeth."

„Das ist doch wohl nicht dein Ernst! So wirst du genannt?"

„Nein. Genannt werd ich Marieli. Irgendwelche blöden Witze, in denen Marillen vorkommen, kannst du dir jetzt sparen. Und wer bist du?"

„Florian Schindler. Vom Steinbacher-Hof."

„Ach, das Ferienkind.“

„Genau. Hast du nicht übrigens noch Geschwister?“

„Einen Bruder. Da kommt er gerade. Hee! Martin!“ Sie winkte und spritzte.

Ein Bub in meinem Alter, aber etwas kleiner und stämmiger als ich, näherte sich dem Bach. Er legte sein Badetuch, das er zu einem Bündel zusammengerollt unterm Arm trug, auf der alten Mauer ab und sah ungläubig zu uns rüber.

„Hast du deinen Badeanzug vergessen?“, fragte er Marieli.

Wir kicherten nur statt einer Antwort, darauf zuckte er die Achseln und meinte: „Na gut, wenn das grade angesagt ist . . .“, und sprang ebenfalls in voller Bekleidung rein.

Die Ferien ließen sich wirklich viel besser an, als ich befürchtet hatte!

# 6

An den Abenden, gemütlich in meinem Bett, las ich in Hedwigs Tagebuch. Es entführte mich in eine seltsame Welt. Auf der einen Seite schrieb sie von ganz normalen Sachen, die ich gerade jetzt selbst auch erlebte, von der Heuernte, von den Tieren am Hof, von Ausflügen zur Ruine mit den drei Kindern, die ihr anvertraut waren, vom Baden im Rothnersbach. Aber auf der nächsten Seite standen Dinge über Lebensmittelrationierungen, über Fliegerangriffe und ihre Angst, dass ihrer Mutter was passieren könnte, über den Vater, der im Krieg war, und lauter solche Dinge, die mir völlig fremd waren. Und sehr merkwürdig fand ich auch, dass fast jede Eintragung mit einer Bemerkung über Jesus endete. Manche Absätze waren fast wie ein Brief an ihn. Das war schon sehr seltsam. Für mich war Jesus jemand, über den man in der Religionsstunde lernen musste – und Schluss. Für Hedwig aber schien er eine wirkliche Person zu sein, jemand, der richtig bei ihr war und sie hören und ihre Tagebucheintragungen lesen konnte. Zum Beispiel diese:

> 2. Juli 1944: *Ich habe eine schlimme Entdeckung gemacht: Willi, Resi und der kleine Hansi wissen fast gar nichts von dir, Herr Jesus! Ich habe mir vorgenommen, mit ihnen über dich zu reden. Gerade jetzt, wo Angst und Tod uns immer gegenwärtig sind, ist es doch so wichtig, dich zu kennen und in dir Ruhe zu finden! Bei den beiden Kleineren ist es ganz einfach.*

*Ich werde ihnen ein paar Geschichten aus der Bibel erzählen, so wie Pfarrer Gschwandtner es in der Kinderstunde immer gemacht hat. Willi wäre alt genug, um selbst in der Bibel zu lesen. Aber er liest überhaupt nicht gern. Für den muß ich mir noch etwas einfallen lassen.*

5. JULI 1944: *Heute Nacht hatte ich wieder einmal einen Alptraum. Ich sah Bomben auf unser Haus in Wien fallen, und Mutti war darin. Alles fiel in Schutt und Asche, und Mutti war tot. Zum Glück bin ich dann aufgewacht. Mein Herz klopfte wie rasend. Aber auch in Wirklichkeit sehen wir immer wieder Flugzeuge in Richtung Wien anfliegen, und ich weiß nichts von Mutti, bis endlich der nächste Brief kommt. Es ist schrecklich, mit dieser ständigen Angst zu leben! Tagsüber gibt es so viel zu tun, daß man oft nicht zum Nachdenken kommt, aber in der Nacht wird die Angst übergroß ...*
*Da fiel mir das Gleichnis in Lukas, Kapitel 12 ein. „Kauft man nicht fünf Sperlinge für zehn Pfennige? Und doch ist keiner von ihnen bei Gott vergessen. So sind auch die Haare eures Hauptes alle gezählt. Fürchtet euch also nicht, ihr seid mehr wert als die vielen Sperlinge." Der Morgen graute schon ein bißchen (wegen der Verdunkelung durften wir ja kein Licht machen), und so blätterte ich im Dämmerlicht in meiner Bibel, um diese Stelle nachzulesen.*
*Da schlug ich durch Zufall das Evangelium des Johannes auf und las Kapitel 16, Vers 33: „In der Welt habt ihr Drangsal; aber seid getrost, ich habe die Welt überwunden." Da wurde ich wieder froh, weil du, Jesus, so tröstlich zu mir gesprochen hast!*

Solche Sachen schrieb Hedwig andauernd. Sie sprach mit Jesus, und er sprach anscheinend auch mit ihr. Manchmal direkt in ihre Gedanken und manchmal durch die Bibel, die Hedwig anscheinend immer bei sich hatte. Für mich war die Bibel immer bloß eine dicke Schwarte gewesen, schwer verständlich und ziemlich verstaubt, in der man in der Schule manchmal lesen musste. Aber für Hedwig war sie wie ein magischer Kommunikator, durch den sie sich mit Gott verständigen konnte. Ein bisschen erinnerte mich das an die „Unendliche Geschichte", die ich im Vorjahr gelesen hatte. Da gerät ein Junge in ein Buch hinein, und die Figuren werden lebendig und der Junge wird Teil der Handlung. Aber das war natürlich nur ein Märchen. In Hedwigs Fall schien es jedoch irgendwie echt zu sein . . .

Ob das mit mir wohl auch funktionierte? Ob ich auch Kontakt zu diesem Jesus aufnehmen konnte? Ich überlegte, ob ich mit Martin und Marieli darüber reden sollte. Ich hatte mich mit den beiden innerhalb weniger Tage dick befreundet. Sie schienen wirklich okay zu sein, auch Marieli, obwohl sie ein Mädchen war und erst elf. Aber sie war überhaupt nicht zickig (wie zum Beispiel meine liebe Kusine) und für jeden Spaß zu haben.

Naja, aber um so schwierige Fragen mit ihnen zu besprechen, kannte ich die beiden vielleicht doch noch zu wenig. Bisher hatte ich ihnen noch nichts von Hedwigs Tagebuch erzählt und eigentlich wollte ich das auch nicht tun.

Doch dann nahm die ganze Sache eine unerwartete Wende.

# 7

15. Juli 1944: *Ich habe eine gute Idee, wie ich den Willi dazu bringen könnte, ein paar Bibelstellen herauszusuchen und zu lesen. Ich werde ihm eine Rätselspur legen! Ich habe schon ein ganz wundervolles Versteck gefunden, dort werde ich ihm eine Belohnung verstecken. Die einzelnen Stationen der Rätselspur muss er erraten, indem ich ihm Bibelstellen aufschreibe, die den Ort beschreiben. Ein paar habe ich schon. Es macht mir riesig Spaß, an dem Rätsel zu arbeiten, auch wenn ich wegen der beiden kleineren Kinder wenig Zeit dafür habe. Gleichzeitig lese ich die Bibel mit einer ganz neuen Gründlichkeit. Ich bin so dankbar, dass Gott auch in dieser schweren Zeit für Spaß und Abwechslung sorgt!*

Eine Rätselrallye! Ich wurde ganz aufgeregt. Ich liebte Schnitzeljagden. Für mich konnten sie gar nicht kompliziert genug sein. Bei den Pfadfindern mussten wir manchmal eine Spur zu einem geheimen Ort verfolgen, das waren natürlich eher einfache Hinweise. Ich las aber auch gern Bücher über versteckte Schätze, die mit Hilfe verschlüsselter Botschaften auf meist abenteuerliche Weise wieder gefunden wurden. Ach, hoffentlich hatte Hedwig das Rätsel aufgeschrieben, nachdem sie es fertig hatte! Zu gern hätte ich ihr geheimes Versteck aufgespürt – auch wenn dieser Willi die Belohnung natürlich längst gefunden und weggenommen hatte!

Doch es folgten eine Menge Eintragungen, ohne dass von dem Rätsel wieder die Rede war. Schließlich, Mitte August, schrieb Hedwig:

19. AUGUST 1944: *Mein Rätsel für Willi ist fertig.*
*Die Belohnung (eine Zuckerschnecke – was Süßes haben wir nämlich nur ganz selten!) ist im Versteck.*
*Morgen soll Willi es lösen. Lieber Jesus, bitte sprich zu Willis Herz, wenn er morgen in deinem Buch liest!*

20. AUGUST 1944: *Willi hat den ganzen Tag an meinem Rätsel gearbeitet. Er hat tatsächlich alle Bibelstellen herausgesucht, was ihm große Mühe machte, und säuberlich zusammengeschrieben.*
*Das war ein ganz schönes Stück Arbeit für ihn!*
*Er hat auch alle Hinweise richtig gelöst und die Zuckerschnecke gefunden, für die er sich sehr herzlich bedankte. Er wollte sie gar nicht annehmen, weil's doch meine war, aber ich habe ihn gedrängt. Knaben im Wachstum müssen viel essen, habe ich gesagt. Aber was mir viel wichtiger ist: Am Abend hat er mich nach der Bedeutung einer der Bibelstellen gefragt! So hat sich ganz ungezwungen ein Gespräch ergeben und ich hoffe, daß ich noch öfter mit ihm über die wichtigsten Dinge des Lebens sprechen kann!*
*Von Mutti ist schon länger keine Post gekommen.*
*Ich hoffe, es geht ihr gut.*

Die Hinweise waren nicht vermerkt. Enttäuscht blätterte ich weiter und tatsächlich stieß ich ganz hinten in dem Heft durch puren Zufall auf die folgende Eintragung:

17. JÄNNER 1945: *Die Russen rücken immer näher. Aus vielen Dörfern müssen die Leute bereits fliehen. Hier bei uns ist noch nichts zu merken. Rothnersbach ist ja auch nicht gerade eine interessante Gegend. Aber Frau Thaler meinte heute, daß es vielleicht gut wäre, vorsorglich die Dokumente und Wertsachen an einem sicheren Ort zu verstecken. Sie hat, glaube ich, ein paar wertvolle alte Schmuckstücke aus dem Besitz ihrer Familie. Falls wir plötzlich weg müssen, können wir dann einfach nur das Notwendigste mitnehmen.*
*Mich erschreckt der Gedanke, daß wir plötzlich fliehen müßten, um uns in den Bergen zu verstecken – und das vielleicht noch mitten im Winter!*
*Aber Willi dachte praktisch und schlug gleich vor, die Wertsachen in unserem Geheimversteck unterzubringen. Frau Thaler war einverstanden. Um mich zu beschäftigen, habe ich die Rätsel-Hinweise, die ich vor einem halben Jahr zusammengestellt habe, noch einmal sauber zusammengeschrieben und in ein Couvert getan. Ich glaube ja nicht, daß Willi oder ich das Versteck vergessen könnten, aber sicher ist sicher.*
*O Jesus, laß diesen Krieg bald zu Ende gehen!*

Sie hatte alle Hinweise zusammengeschrieben und in ein Kuvert getan! Hastig schüttelte ich das Heft aus und eine Hand voll Blätter fiel heraus. Natürlich hatte ich schon früher in das eine oder andere Kuvert reingeschaut. Sie enthielten die Briefe ihrer Mutter und die einzelnen Blätter schienen Briefe ihres Vaters zu sein. Beide hatten aber eine so altmodische Handschrift, dass ich sie kaum entziffern konnte, deswegen hatte ich es bis jetzt gelassen. Jetzt leerte ich schnell ein Kuvert nach dem anderen. Im vierten stieß ich auf einen Zettel mit Hedwigs sauberer Schrift:

*„Löse jedes Rätsel einzeln; durch die Hinweise wird jeweils ein geheimer Ort beschrieben . . .“*

Hurra! Ich hatte die Hinweise gefunden!

Martin und Marieli würden Augen machen, wenn ich sie morgen mit einer Rätselrallye überraschte, die fast sechzig Jahre alt war!

# 8

„Du hast dir eine Rätselrallye für uns ausgedacht? Bei *dem* Wetter?“, fragte Martin.

Wir saßen auf Rabergers Heuboden im frischen Heu. Draußen regnete es in Strömen. Das Geräusch, mit dem die Regentropfen auf das Dach trommelten, war urgemütlich – solange das Dach nicht undicht war.

„Nein, nicht ich hab mir das ausgedacht. Ich hab die Hinweise in einem alten Tagebuch gefunden“, berichtigte ich.

„Wie alt?“, fragte Marieli.

„Sechsundfünfzig Jahre.“

„Du spinnst!“, platzte Martin heraus. „Nach so langer Zeit kann man eine Spur doch nicht mehr finden! Man kennt doch diese Geschichten: ‚Geh genau um zwölf Uhr mittags zur Spitze des Schattens der großen Tanne‘ und so – nur dass diese Tanne inzwischen um zwanzig Meter gewachsen ist!“

„Oder gefällt worden ist“, ergänzte Marieli trocken. „Denk lieber du dir eine Rätselrallye für uns aus, das wär eine lustige Idee!“

„In diesen Hinweisen kommen keine Tannen und solches Zeug vor!“, sagte ich eifrig. „Seht doch mal!“ Ich breitete Hedwigs Zettel im Heu aus. „Das sind alles Bibelstellen! Daran hat sich nichts verändert!“

„Bibelstellen?“

„Na ja, das Mädchen, das dieses Rätsel geschrieben hat, war sehr fromm . . . Sie wollte einem Kind die Bibel näher bringen, glaube ich“, erklärte ich.

„Also, lass mal sehen." Marieli nahm den obersten Zettel und las vor: „„Löse jedes Rätsel einzeln. Durch die Hinweise wird jeweils ein geheimer Ort beschrieben. An diesen Orten findest du jeweils wieder einen Hinweis. Diese fünf neuen Hinweise zusammen beschreiben den Ort, an dem der Schatz versteckt ist!""

„Fünf Rätsel? Das klingt ja nicht besonders schwierig!", meinte Martin.

„Der Willi, für den es ursprünglich gedacht war, hat einen ganzen Tag gebraucht!", sagte ich.

„Das war wahrscheinlich ein Depp. Außerdem sind wir zu dritt!", erklärte Marieli. „Also, lass mal so ein Rätsel anschauen!" Sie nahm den nächsten Zettel und las vor: „2 Mose 27,1; 1 Mose 33,20; Mt 5,23–24."

„Was soll denn *das* heißen?“, fragte Martin entgeistert. „Ist das Hebräisch? Oder ist es die Telefonnummer vom Gott?“

„Quatsch! Was du für Blödsinn redest!“ Ich klopfte ihm freundschaftlich auf den Kopf. „Das sind Bibelstellen, hab ich doch gesagt!“

„2 Mose 27 Komma 1“, wiederholte Marieli nachdenklich. „Und wie finden wir nun die richtige Stelle?“

„Wir brauchen eine Bibel“, schlug Martin vor. „Hast du eine?“

„Woher denn? Ich hab mir gedacht, auf eurem Hof gibt es sowas sicher!“

„Klar. Die Oma hat eine. Die liegt auf ihrem Nachtkastl“, sagte Marieli.

„Dürfen wir die nehmen?“, fragte ich.

„Wir fragen einfach!“ Tatendurstig sprang Martin auf und turnte vom Heuboden herunter. Zu dritt stürmten wir in die Küche. Wie anscheinend alle Omas saß auch die Raberger-Oma, eine dicke, grauhaarige Frau in einem geblümten Arbeitskittel, am Herd und rührte in den Töpfen.

„Na, Kinder, seid's schon hungrig?“, fragte sie freundlich. „Essen gibt's in einer halben Stunde. Bleibst du zum Essen, Florian?“

„Oma, können wir deine Bibel ausborgen?“, rief Martin statt einer Antwort.

„Meine Bibel? Aber gern! Was braucht's denn? Kann ich euch vielleicht weiterhelfen?“

„Aaach, wir wollen nur ein bisschen . . . äh, drin lesen!“, sagte Marieli.

„Na so was! Auf was für Ideen die Kinder kommen, wenn's regnet!“ Die Raberger-Oma ging schwerfällig in die gute Stube und zeigte auf ein riesiges, zweibändiges Buch. „Da ist eine, aber die sollte hier in der Stube bleiben. Die ist ziemlich alt und wertvoll, mit Kupferstichen drin.“

Wir drei sahen einander betreten an. Ein hundert Kilo schwerer Wälzer, der noch dazu wertvoll war? Das war nicht das Richtige zum Rumblättern und Suchen.

„Hast du keine andere?", fragte Marieli.

„Also, wenn ihr gut drauf aufpasst, dürft ihr meine haben", erlaubte die Oma. „Die liegt oben neben meinem Bett. Aber seid's vorsichtig damit! Sie hat meinem Bruder selig gehört!"

Naja. Ein Buch, das an einen verstorbenen Bruder erinnerte, war ja vielleicht auch nicht ganz ideal, aber besser als das dicke Ding. Wir stiegen in Omas Schlafkammer hinauf und fanden ein kleines, schwarzes Buch.

„Kaum zu glauben, dass hier dasselbe drinstehen soll wie in dem Riesenschmöker unten!", meinte ich. „Also, schau mal im Inhaltsverzeichnis nach, ob es irgendeinen Abschnitt gibt, der ‚2 Mose' heißt!"

Marieli übernahm wieder das Vorlesen: „Das Evangelium nach Matthäus, das Evangelium nach Markus, das Evangelium nach Lukas, das Evangelium nach Johannes. Die Apostelgeschichte. Die Briefe des Apostels Paulus: an die Römer, der erste Brief an die Korinther, der zweite Brief an die Korinther . . ." Sie las noch eine ganze Weile vor, aber ein Teil, der irgendwie mit „2 Mose" begann, war nicht dabei. Ratlos schauten wir uns an.

„Und was jetzt?", fragte Martin. „Geben wir auf?"

„So schnell? Niemals!" Ich nahm das kleine Buch in die Hand. „Ich hab's! Schaut her! Auf dem Einband steht ‚Das Neue Testament und die Psalmen'! Es gibt aber auch noch ein Altes Testament! Das hier ist also keine ganze Bibel! Da fehlt die Hälfte!"

„Hm." Martin schaute betreten aus, weil er nicht selbst darauf gekommen war. „Und wo nehmen wir jetzt eine ganze her? Benutzen wir doch die dicke Prachtschwarte aus der Stube?"

„Sind eigentlich alle Bibeln gleich?", fragte Marieli nachdenklich. „Ich meine diese Bezeichnungen, Mose und Matthäus und so, und die Nummerierung, ist die überall gleich?"

„Man müsste eigentlich das Original haben, also die Bibel, mit der die Rätsel überhaupt erst zusammengestellt wurden!", meinte Martin.

„Hedwigs Bibel!", rief ich. „Na klar, das wäre die Lösung!"

# 9

Beim zweiten Mal kam mir der dunkle Hohlweg bei Nacht nur noch halb so unheimlich vor. Aber wahrscheinlich lag es auch daran, dass diesmal Martin und Marieli bei mir waren. Um die Batterien zu schonen, knipsten wir immer nur eine Taschenlampe an und beleuchteten einen kleinen Fleck vor unseren Füßen.

„Bist du sicher, dass das der richtige Weg ist?“, fragte Marieli ängstlich. „Hier war ich noch nie!“

„Da geht's zum Besitz der Kuhn-Altenfels hinunter, da dürfen wir nicht hin!“, bemerkte Martin fachmännisch.

„Deswegen gehen wir ja nachts!“, erklärte ich.

Eine Eule machte „Schuhu“, und Marieli drückte sich vor Schreck an mich. Ich legte fürsorglich den Arm um sie, weil Martin das im Finstern nicht sehen konnte. Sie war ein Stückchen kleiner als ich.

„Habt keine Angst, heldenhafter Robin!“, neckte ich sie.

„Nicht, solange Ihr in der Nähe seid, Little John!“, gab sie tapfer zurück. Da kam ich mir gleich noch ein Stück größer vor.

Endlich öffnete sich die Lichtung vor uns, und wir knipsten die Lampe aus. Der Mond hatte seit meinem letzten Besuch ein wenig zugenommen, so dass der verfallene Hof deutlich zu erkennen war.

„Das muss der alte Thaler-Hof sein!“, flüsterte Martin.

„Da dürfen wir nicht rein!“ Marieli war am Zaun stehen geblieben.

„Wenn ihr euch nicht traut, geh ich allein!“ Schon kletterte ich am Zaun hoch.

„Nein, warte, wir kommen mit!“

Leise schlichen wir ins Haus und stiegen auf den Dachboden. Ich hatte den beiden vorsichtshalber nichts von dem Wildhüter erzählt; sie hatten schon so genug Muffensausen.

Marieli griff in die Truhe und holte ein paar Bücher heraus. „Jöö, Robinson Crusoe!“, rief sie gedämpft aus. „Darf ich das mitnehmen? Das ist eins von meinen Lieblingsbüchern!“

„Hört mal . . .“ Martin hatte Bedenken. „Diese Sachen gehören uns doch nicht . . .“

„Die gehören einer Hedwig Weiß, und die hat sie seit fast sechzig Jahren nicht mehr gebraucht!“, antwortete ich.

„Wir könnten diese Hedwig suchen, wenn wir das Rätsel fertig haben, und ihr ihre Sachen zurückgeben!“, schlug Marieli vor.

„Hm . . . klingt gut . . . Aber gehört nicht das Haus jetzt auch den Kuhn-Altenfels? Sie haben es mit dem Grundstück zusammen gekauft!“

„Du siehst doch, dass sie das Haus nur verfallen lassen!“, wandte Marieli ein. „Die sind doch nur am Grundstück interessiert, als Wildgehege für ihre Hirsche!“

„Müsst ihr das unbedingt jetzt besprechen?“, drängte ich. „Von mir aus können wir später die ganzen Sachen wieder hierher zurückbringen, wenn es euch dann besser geht – aber suchen wir jetzt Hedwigs Bibel oder nicht?“

„Hier ist sie“, sagte Marieli trocken und richtete den schwachen Strahl der Taschenlampe auf ein dickes schwarzes Buch mit der Aufschrift „Die Heilige Schrift“. Es war ein bisschen größer und viel dicker als die Bibel der Raberger-Oma, also war es eine vollständige Ausgabe.

„Worauf warten wir dann noch? Nichts wie weg hier!“

* * *

Gleich am nächsten Morgen zogen wir uns auf den Rabergerschen Heuboden zurück und machten uns ans Rätsellösen.

„1 Mose“ und „2 Mose“ waren leicht zu finden, denn die kamen gleich am Anfang der Bibel. Mit den Zahlen hatten wir zuerst ein Problem, aber dann bemerkte ich, dass am Rand neben dem Text verschiedene Zahlen aufgedruckt waren, große und kleine. Nach jeder großen Zahl begannen die kleinen wieder von vorne. Anscheinend nummerierten die großen Zahlen die Kapitel und die kleinen die einzelnen Sätze. Nach einigem Suchen fanden wir:

> 2 MOSE 27,1: *Du sollst einen Altar machen aus Akazienholz, fünf Ellen lang und ebenso breit, daß er viereckig sei, und drei Ellen hoch.*
> 1 MOSE 33,20: *und errichtete dort einen Altar und nannte ihn „Gott ist der Gott Israels“.*

„Irgendwie hat es etwas mit einem Altar zu tun!“, vermutete Marieli. „Also gehen wir in die Kirche?“

„Die dritte Stelle fehlt noch: Mt 5,23–24!“, sagte ich.

„Ich weiß aber nicht, was ‚Mt‘ bedeutet!“ Marieli ging das Inhaltsverzeichnis durch. „Es gibt ein paar Kapitel, die mit M beginnen: Mose 1 bis 5, zweimal Makkabäer, Micha, Maleachi, Matthäus.“

„Von diesen Namen wird einem ja ganz schwindlig!“, brummte Martin. „Wie kannst du die alle aussprechen, ohne dir die Zunge zu verknoten?“

„Der einzige Name, der außer M auch noch ein t enthält, ist Matthäus“, bemerkte ich. „Schau da mal nach!“

Marieli blätterte eine ganze Weile. Denn obwohl die Buchstaben eh schon so winzig waren, hatte das ganze Buch fast 3.000 Seiten. Darum war es ja auch mindestens 10 Zentimeter dick.

„Kein Wunder, dass dieser Willi oder wie er hieß einen ganzen Tag gebraucht hat!“, nörgelte Martin, der sich zu langweilen begann.

„Ich hab's!“, rief Marieli, und ich schrieb mit: *„Mt 5,23–24: Darum, wenn du deine Opfergabe zum Altare bringst und dich dort erinnerst, daß dein Bruder etwas gegen dich hat, so laß deine Gabe dort vor dem Altare und geh zuvor hin und versöhne dich mit deinem Bruder; dann komm und opfere eine Gabe.“*

„Jetzt sind wir genauso schlau wie vorher“, grunzte Martin. „Es geht um einen Altar. Das haben wir vorher auch schon gewusst. Also gehen wir jetzt in die Kirche und schauen nach, was auf dem Altar steht.“

Tatsächlich schien die dritte Stelle nichts Neues zu bringen. Ich dachte mir aber, dass Hedwig dem Rätsellöser damit etwas sagen wollte. Vielleicht war dieser Willi ein streitsüchtiger Kerl, und sie wollte ihm zeigen, dass man sich zuerst versöhnen musste, bevor man irgendwelche anderen Sachen tat? Natürlich war es ganz unmöglich, dass Hedwig *mir* damit etwas sagen wollte. Mich hatte es zu der Zeit, als sie sich das Rätsel ausdachte, noch gar nicht gegeben! Trotzdem musste ich seltsamerweise gerade jetzt an Stephan denken, den neuen Mann meiner Mutter, weil ich „etwas gegen ihn hatte“ . . .

„Hey, schlaf nicht am helllichten Tag!“ Marieli gab mir einen Klaps. „Komm, wir schauen uns den Altar an!“

# 10

Es gab in der Nähe nur eine einzige Kirche, die Hedwig gemeint haben konnte, nämlich die von Rothnersbach. Von uns bis in den Ort ging man zu Fuß eine Dreiviertelstunde, und es war nicht zu erwarten, dass irgendein Erwachsener Zeit hatte, uns mit dem Auto hinzubringen.

„Hast du ein Fahrrad?", fragte Martin.

„Ja. Mit 21 Gängen. Aber es steht in Wien", antwortete ich.

„Mist."

„Nimm doch das Fahrrad von der Petra!", schlug Marieli vor.

„Gute Idee!" Ich war begeistert. „Sie braucht es eh nicht, ihr Freund hat ein Moped!"

Unbemerkt nahm ich Petras Rad aus dem Schuppen und bald waren wir drei unterwegs nach Rothnersbach. Abwärts ging es flott und nach kurzer Zeit standen wir vor der Kirche.

Sie war verschlossen.

„Wer hätte das gedacht!", murmelte ich enttäuscht. „In Wien sind die Kirchen den ganzen Tag offen, für die Touristen!"

„Rothnersbach ist kein Ferienort!", bemerkte Martin spitz. „Ich glaube, du bist der einzige Feriengast weit und breit!"

Unschlüssig standen wir vor dem Kirchentor.

„Vielleicht sollten wir am Sonntag wieder kommen", meinte Marieli, und auch ihr war die Enttäuschung anzuhören. „Inzwischen können wir ja die anderen Rätsel lösen."

„Der ganze Weg umsonst!", murmelte Martin bei dem Gedanken an den steil ansteigenden Heimweg.

„Was ist denn mit euch los? Hat euch die Katze die Butter vom Brot gefressen?", fragte eine Stimme hinter uns. Wir drehten uns um.

„Grüß dich, Max!", sagte Martin. „Wir wollten in die Kirche rein."

Max, ein großer kräftiger Bursche von etwa sechzehn Jahren, lachte: „Da habt's euch aber die falsche Zeit ausgesucht! Beichte ist Mittwoch und Samstag von 18 bis 19 Uhr, Bibelkreis Donnerstag 19 Uhr, Vorabendmesse Samstag 19 Uhr, Messe Sonntag 10 Uhr! Was gibt es denn so Dringendes?"

„Ach . . . ich wollte mir die Kirche nur mal anschauen", sagte ich. „Ich bin nämlich Tourist!", fügte ich hinzu.

Doch Marieli gestand zu meinem Entsetzen freimütig: „Wir suchen einen Schatz!"

„Einen Schatz, soso!" Max zog die Augenbrauen hoch.

„Ja, der Florian hat ein uraltes Tagebuch gefunden, in dem der Weg zu einem Schatz beschrieben wird. Aber die Hinweise sind verschlüsselt, und darum müssen wir in die Kirche hinein, was nachsehen!", erzählte Marieli eifrig.

„Ein altes Tagebuch, huh, wie geheimnisvoll!" Max schnitt ein Gesicht, das deutlich machte, dass er das Ganze für eine Kinderei hielt.

„Immerhin könnte sogar noch ein echter Schatz dort liegen!", sagte ich trotzig. Von einem Kerl, der nur ein paar Jahre älter war als wir, ließ ich mich doch nicht auslachen!

„Was du nicht sagst!", spöttelte er.

„Doch, wirklich, eine Familie hat im Krieg ihre Wertsachen dort versteckt! Vielleicht sind sie ja noch da!"

„Im Krieg? Im napoleonischen Krieg? Im Türkenkrieg? Im Ersten Punischen Krieg?", grinste Max.

„1944", sagte ich vorsichtig, denn hundertprozentig sicher war ich nicht, dass das der Zweite Weltkrieg war, und ich wollte mich nicht blamieren.

„Ach, im Zweiten Weltkrieg!“, rief er in künstlichem Erstaunen aus. „Ja, dann! Das hat bestimmt längst jemand abgeholt. Aber wenn's euch Spaß macht, Schatzgräber zu spielen, bitte sehr. Dann wollen wir mal die Kirche besichtigen.“

„Ja, aber . . .“, begann Martin. Max hielt ihm einen großen Schlüssel unter die Nase.

„Ich bin doch Ministrantenleiter, weißt du das nicht? Ich wollte gerade etwas aus der Sakristei holen!“ Er führte uns um die Kirche herum und schloss eine Seitentür auf. Wir traten in einen hellen Raum, in dem mehrere Ministrantenkittel und ein paar Priestergewänder auf einer Kleiderstange hingen. Dicke Bücher und allerlei kirchliche Gerätschaften lagen ordentlich auf einer Truhe und auf dem Fensterbrett. Max öffnete einen Wandschrank und begann etwas zu suchen.

„Durch die Tür da geht es in die Kirche. Ihr habt zwei Minuten!“, sagte er.

Durch die Tür gelangten wir in das dämmrige Innere der Kirche, und zwar von vorne, von wo sonst nur der Priester reinkommt. Ich hatte keine Zeit, mir die bunten Glasfenster anzuschauen, sondern stürzte mich gleich auf den Altar. Er war ziemlich schlicht, ein massiver heller Steinblock.

„Sollte er nicht aus Akazienholz sein?“, flüsterte Marieli mir zu, während wir das Ding umrundeten.

„Vielleicht darf man die Hinweise nicht *so* genau nehmen!“, gab ich zurück.

Vorne gab es ein Bild, das in einfachen, rot angefärbten Linien in den Stein gemeißelt war. Es zeigte einen Mann mit Heiligenschein, der bis zur Brust in Wellenlinien-Wasser stand. Aus einer Wolke über seinem Kopf kamen drei Strahlen. Außerdem schwebte ein Vogel über seinem Kopf. Sonst enthielt der Altar nichts, was einem Hinweis auch nur ähnlich sah. Wir lüfteten rasch das weiße Spitzentischtuch, das darüber gebreitet war, aber auch hier fanden wir sonst nichts mehr.

„Kommt ihr endlich?“, rief Max von der Sakristei aus. Offenbar hatte er gefunden, was er gesucht hatte, denn er hielt ein Buch unterm Arm. „Die Ministrantenstunde beginnt bald, ich muss den Pfarrhof aufsperren!“

Wir folgten ihm hinaus und sahen ihm zu, wie er die Kirche sorgsam wieder abschloss.

„Was bedeutet das Bild vorn auf dem Altar?“, fragte Martin kühn. Das war schlau von ihm!

„Es stellt die Taufe Jesu im Jordan dar“, sagte Max. „Was ist das eigentlich für ein Rätsel? Lasst doch mal sehen!“

Marieli reichte ihm die zusammengefalteten Zettel, die sie sorgfältig in ihrer Hosentasche aufbewahrt hatte, und er studierte sie angestrengt.

„Eine Bibelstellen-Schnitzeljagd, na so was!“, meinte er. Und dann, einem plötzlichen Einfall folgend: „Sagt mal, soll ich euch diese Zettel vielleicht kopieren? Sonst geht womöglich ein Rätsel verloren und dadurch wird das Ganze unbrauchbar!“

Ich erschrak. Daran hatte ich noch gar nicht gedacht! „Ja, bitte, wenn das geht“, sagte ich schnell.

„Im Pfarrhof gibt's einen Kopierer. Wartet hier, ich bin gleich zurück!“

Während wir warteten, sagte ich zu den Raberger-Kindern: „Der ist ja unheimlich nett, dieser Max! Wer ist das?“

„Ach, er ist irgendwie weitläufig mit uns verwandt“, meinte Marieli. „Also, ich finde ja, dass er früher noch netter war. Er ist ein bisschen eingebildet, seit er ins Oberstufen-Gymnasium geht.“

„Er ist ganz okay“, fand Martin.

Da kam Max auch schon zurück und händigte jedem von uns ein paar Blätter aus. „Hier, eine Kopie für jeden. Und da ist euer Original.“

„Danke!“

„Und wann kommt ihr endlich mal in die Mini-Stunde?" Er zwinkerte den Rabergers zu und verschwand im Pfarrhof, ohne eine Antwort abzuwarten.

Wir machten uns mit unseren Fahrrädern auf den beschwerlichen Heimweg.

*Die Taufe Jesu im Jordan* – was konnte Hedwig damit nur gemeint haben?

## 11

Der Steinbacher-Hof lag still und friedlich in der Nachmittagssonne. Verschwitzt von der Heimfahrt schob ich Petras Rad in den Hof und stellte es unauffällig wieder in den Schuppen, von wo ich es genommen hatte.

Als ich das Wohnhaus betrat, war es mit der Mittagsidylle schlagartig vorbei. Wie eine Furie stürzte Petra sich auf mich und schrie mich an:

„Was fällt dir ein, mein Fahrrad zu nehmen?! Ist das hier ein Selbstbedienungsladen?“ Klitsch, klatsch hatte ich links und rechts eine Ohrfeige weg, dass ich die Engel singen hörte.

„Äh, was . . . Tschuldigung!“, lallte ich überrumpelt.

„Nix Tschuldigung!“, keifte sie. „Ich sitz hier den ganzen Nachmittag und kann das Haus nicht verlassen, dabei hätte ich dringend etwas besorgen müssen!“

„Tut mir echt Leid . . . ich hab gedacht, dein Freund hat eh ein Moped . . .“

„Der ist aber heute nicht da, wie du siehst!“, fauchte sie und ich fragte mich im Stillen, ob das nicht der wahre Grund für ihre Wut war.

„Okay, du hast mich verdroschen, ich hab mich entschuldigt – was willst du jetzt noch? Soll ich dir die Füße küssen, oder was?!“, schnauzte ich ärgerlich.

„Du . . . du . . . zur Strafe gibst du mir fünfzig Schilling!“, verlangte sie. „Als Schmerzensgeld!“

„Bist du noch zu retten?“ Ich tippte mir an die Stirn. „Wo gibt's denn so was? Strafe zahlen?! Wo sind wir denn?“

„Das wirst du noch bereuen!“, zischte sie.

Ich verschanzte mich in meinem Zimmer und knallte die Tür hinter mir zu. Die blöde Kuh! Musste sie gleich so ein Theater machen? Wahrscheinlich hatte ihr doofer Typ sie versetzt und sie ließ jetzt ihre schlechte Laune an mir aus! Man sollte ihr einen Frosch ins Bett legen oder so! Martin wusste sicher, wo es welche gab!

Ach, eigentlich wollte ich ja über Hedwigs Rätsel nachdenken. Was konnte sie mit der Taufe im Jordan bloß gemeint haben? Gab es hier irgendwo vielleicht einen Ort, der Jordan hieß? Jordan-Hof? Gasthof Jordan? Oder meinte sie das Wasser, also den Bach? Oder hatte der Vogel eine Bedeutung? Vielleicht wäre es klug, die ganze Stelle nachzulesen. Ich hatte Hedwigs Bibel mitgenommen. Aber wie sollte ich auf 3.000 Seiten ausgerechnet diese eine Stelle finden?

Petra, diese Ziege! Es ließ mir keine Ruhe. Was fiel ihr eigentlich ein, mich zu ohrfeigen? Ach, ich konnte mich nicht konzentrieren. Wie war das noch? *„Geh zuvor hin und versöhne dich mit deinem Bruder!“* Petra war zwar nicht mein Bruder, sondern meine Kusine, aber zweifellos *„hatte sie etwas gegen mich“*! Sollte ich mich jetzt wirklich mit ihr versöhnen???

Seufzend stand ich auf und trat auf den Gang hinaus. Aus Petras Zimmer kamen leise Geräusche, als ob sie sich schnäuzte. Ich klopfte vorsichtig.

„Was?“, klang es unwirsch.

„Ich bin’s, der Florian!“

„Was willst du?“

„Ich ... äh ... wollte dir sagen, dass es mir wirklich Leid tut ... Es war nicht richtig von mir, das Rad zu nehmen, ohne dich zu fragen.“ Unter Überwindung fügte ich hinzu: „Wenn du willst, geb ich dir auch die fünfzig Schilling!“

Die Tür ging einen Spalt weit auf und Petra schaute raus. Sie sah aus, als ob sie geweint hätte. Also, auf jeden Fall musste sie Streit mit dem Mopedtypen gehabt haben! Wegen mir und dem blöden Rad würde sie doch nicht heulen!

„Ist schon okay“, brachte sie hervor und versuchte ein Lächeln. „Tut mir Leid wegen der Ohrfeige. Nächstes Mal frag halt zuerst.“

Ich nickte. „Ist gut.“

Wieder in meinem Zimmer, fühlte ich mich viel besser. Es war wirklich richtig gewesen, sich zuerst zu versöhnen! Flüchtig tauchte Stephan in meinen Gedanken auf, gegen den ich auch „etwas hatte“, aber ich drängte ihn beiseite. Wie sollte ich mich auch mit ihm „versöhnen“, während er mit meiner Mutter auf Hochzeitsreise war?!

Jetzt, wo ich die Sache mit Petra bereinigt hatte, fiel mir das Nachdenken gleich viel leichter. Und schon fiel mir ein, was ich mit der Taufe im Jordan tun würde: Ich würde einen echten Experten zu Rate ziehen – den Pfarrer!

## 12

„Was, wir sollen noch mal nach Rothnersbach?“, fragte Marieli entsetzt.

Und Martin meinte: „Hätte dir das nicht gleich einfallen können?“

„Es ist mir aber erst jetzt eingefallen!“

„Ach, du mit deinem Rätsel!“, brummte er.

„Glaubst du wirklich, dass dort ein Schatz liegt?“, fragte Marieli.

Ich presste die Lippen zusammen. „Ich weiß nicht . . . möglich wär's . . . Also, ganz ehrlich gesagt, glaube ich es nicht. Hedwig und Willi haben den Schatz sicher nach dem Krieg wieder abgeholt. Aber man weiß ja nie! Vielleicht ist ja doch noch was dort.“

„Also gut“, seufzte Marieli, „auf denn, Little John, lasst uns Bruder Tuck aufsuchen!“

Martin, der nicht wusste, warum wir am ersten Tag unserer Bekanntschaft gemeinsam ins Wasser gefallen waren, murmelte: „Was sich liebt, das neckt sich, wie?“ Da musste ich schnell den Kopf wegdrehen, damit niemand merkte, dass ich rot wurde.

Martin, der Praktische, rief vorsichtshalber erst im Pfarrhaus an, ob der Pfarrer überhaupt zu Hause war, und kam mit der Mitteilung wieder, dass wir erwartet würden.

Weil ich mich nicht traute, Petra gleich um ihr Rad zu bitten, nahm Martin mich auf seinen Gepäckträger und ziemlich unbequem rumpelten wir zum zweiten Mal ins Tal.

Die ganze Fahrt über dachte ich nach, wie ich den Pfarrer anreden sollte: „Hochwürden"?, „Euer Eminenz"? Oder gar „Eure Heiligkeit"? Vielleicht einfach „Herr Soundso"? An der Tür des Pfarrhofes stand „Somlyay". Wie sprach man *das* nun wieder aus? „Herr Somlyay" kam nun jedenfalls nicht in Frage!

Weil es so ein schöner, lauer Sommerabend war, empfing der Pfarrer uns in seinem Garten. Er war groß und dünn (der Pfarrer, nicht der Garten) und hatte eine kurze blonde Stoppelfrisur. Bestimmt war er ein ganzes Stück jünger als Mama, und er sah nett aus.

„Guten Abend, Herr Schomlai!", grüßten die Rabergers. (Aha!)

„Womit kann ich euch helfen?", fragte der Pfarrer.

„Wir . . . wir versuchen ein paar Bibelstellen herauszufinden", begann ich unbeholfen. „Aber wir wissen nicht, wie . . . Also, zum Beispiel: die Taufe im Jordan – wie find ich die?" Ich hielt ihm Hedwigs Bibel hin.

Der Pfarrer lächelte. „Das ist wirklich eine schwierige Aufgabe!", meinte er. „Entweder du weißt, dass Jesu Taufe bei Matthäus im dritten Kapitel steht, bei Markus im ersten, bei

Lukas im dritten und bei Johannes wieder im ersten, oder du musst alles durchsuchen. Oder jemanden fragen, der es weiß!"

Wir schwiegen betreten. Vier verschiedene Stellen? Das hörte sich ja noch komplizierter an, als ich gedacht hatte!

„Wenn diese Bibel nicht so lang wäre, würd' ich sie in den Computer einscannen!", erklärte Martin. „Dann könnte ich auf Knopfdruck in einer Sekunde jede Stelle finden!"

„Ah, ihr habt einen Computer?", fragte Herr Somlyay. „Ja, dann ist es einfach! Die Bibel *gibt's* natürlich längst als CD-ROM! Was für ein Computer ist es denn?"

„Ein 400-Megahertz-Celeron mit 64 Megabyte Hauptspeicher und 8,4 Gigabyte Festplatte", antwortete Martin und blühte sichtlich auf.

„Ein CD-Laufwerk hast du ja sicher auch?"

„Klar!"

„Dann gebe ich dir meine Bibel-CD-ROM mit. Da ist der ganze Text drauf. Du installierst sie mit Setup.exe, klar, oder?"

„Sicher."

Ich fühlte mich plötzlich wie im Ausland. Was für eine Sprache war das? Ich besaß selbst keinen Computer, weil ich mich immer nur für Bücher interessiert hatte. Damit war ich unter meinen Freunden allerdings der Einzige. Immerhin schien der Computer jetzt auch mal nützlich zu sein.

„Wie ihr das Programm bedient, zeige ich euch am besten auf meinem Computer. Kommt mit!"

Wir folgten dem Mann in ein Zimmer, dessen Wände fast vollständig mit Bücherregalen bedeckt war. Das nahm mich wieder ziemlich für den Pfarrer ein.

Auf dem Schreibtisch stand der Computer. Herr Somlyay erklärte Martin und Marieli, wie man das Bibelprogramm benutzte. Ich beschloss, dass es reichte, wenn die beiden es verstanden. Ich musste ja nicht alles wissen!

„Die Bibel ist ziemlich oft aus dem hebräischen und griechischen Original übersetzt worden und es gibt manchmal recht große Unterschiede. Ihr habt hier in dem Programm vier verschiedene Übersetzungen“, erläuterte Herr Somlyay. „Welche habt ihr denn hier mitgebracht?“ Er nahm mir Hedwigs Bibel aus der Hand und schlug sie ganz vorne auf. „1929 für den katholischen Religionsunterricht zugelassen, na so was! Also, diese Übersetzung ist nicht dabei, aber warum lest ihr auch so was Altes?“ Er schüttelte den Kopf. „Versteht ihr diese altertümliche Sprache überhaupt noch?“

Wir sahen wohl ziemlich erleichtert drein, denn er erklärte weiter: „Also, eurer Bibel hier kommt wahrscheinlich die Luther-Übersetzung im Programm am nächsten. Besser verständlich ist für euch wahrscheinlich die Einheitsübersetzung oder die Gute-Nachricht-Bibel. Das ist alles hier drauf.“ Er drückte Martin eine CD-Schachtel in die Hand und sagte augenzwinkernd: „Die krieg ich aber zurück, ja?“

„Natürlich, selbstverständlich, gleich morgen!“

„Na, so schnell muss es auch nicht sein. Kann ich euch sonst noch irgendwie helfen?“

„Ja“, sagte ich schnell, „das Bild auf dem Altar – stellt das wirklich die Taufe von Jesus dar?“

„Ja, das stimmt!“

„Gibt es noch einen anderen Altar?“; fragte Marieli. „Vielleicht einen aus Holz?“

Kluges Mädchen! Was für eine intelligente Frage!

„Hm“, machte der Pfarrer nachdenklich, „der alte Altar war aus Holz, aber –“

Beinahe hätte ich mir an die Stirn geschlagen. Ich Rindvieh! Der *alte* Altar! Das war es natürlich!

„Wie lange steht dieser Altar schon da?“, fragte ich und bemerkte gar nicht, dass ich dem Pfarrer unhöflich ins Wort gefallen war.

„Seit den 50er Jahren, glaube ich."

Martin und Marieli sahen mich überrascht an. Jetzt begriffen sie auch, worauf ich hinaus wollte.

„Und was für einer war früher da? So ungefähr 1944?"

„Ja, hm . . . der war, glaube ich, aus Holz . . . aber das weiß ich nicht so genau, da war ich selbst noch nicht auf der Welt."

Wir tauschten einen raschen Blick.

„Gibt es jemanden, der sich an diesen Altar erinnert?"

# 13

Beim Frühstück sagte Oma zu mir: „Na, du spielst jetzt wohl doch mit den Raberger-Kindern? Gell, die sind nett! Hab ich's dir nicht gesagt?"

Normalerweise hörte ich diese „Hab-ich's-nicht-gleich-gesagt"-Sätze nicht so gern, aber in dem Fall musste ich doch zustimmend nicken.

„Ich geh' jetzt gleich wieder zu ihnen rüber", sagte ich mit dem Mund voll Marmeladebrot. „Oma, kennst du eine Maria Windhager?"

„Ja, natürlich kenn ich die", antwortete Oma überrascht. „Das war doch früher die Mesnerin!"

„Weißt du, wo sie wohnt?", fragte ich, und weil Oma erstaunt die Augenbrauen hochzog, schwindelte ich: „Die Rabergers sollen ihr was bringen, vom Pfarrer."

Zum Glück schluckte die Oma diese fadenscheinige Erklärung, und sie sagte: „Ihr geht's einfach die Straße bergauf bis zur Kapelle – gell, die kennst du? – und dort gleich links auf dem Böck-Hof, da wohnt sie bei ihrer Tochter. Mei, die muss ja schon über achtzig Jahre alt sein! Ich kann mich noch gut an sie erinnern, manchmal hat sie uns Kinder den Glockenstrang ziehen lassen . . ."

Während Oma in Erinnerungen schwelgte, trank ich meinen Kakao aus und verabschiedete mich.

* * *

Martin hatte das Bibel-Programm schon installiert. Er und Marieli hockten einträchtig vor dem Bildschirm, als ich kam.

„Na, funktioniert es?"

„Da, schau, was ich schon gemacht habe!" Martin präsentierte stolz einen Zettel mit der Überschrift „Retzel 1". Darunter standen die drei Bibelstellen, die vom Altar handelten.

„Toll!", staunte ich.

„Ich weiß jetzt, wie man einen Text aus der Bibel in eine Word-Datei übernimmt", schwärmte Martin. „Wir arbeiten gerade an Rätsel 2, schau her!"

Er fuhrwerkte auf der Tastatur herum, bis der Bildschirm weiß wurde und die Überschrift „Retzel 2" erschien. Darunter stand schon eine Bibelstelle.

„‚Rätsel' schreibt man aber anders, mit ä und mit s statt z!", belehrte ich ihn.

„Hab ich's dir nicht gesagt?", rief Marieli. „Da schau her, was glaubst du denn, was die rote Wellenlinie unter dem Wort bedeutet?"

„Dass der Computer das Wort nicht kennt", brummte Martin.

„Nein, dass es falsch geschrieben ist!", triumphierte Marieli. „Lass mich mal!"

Ihre Finger hüpften über die Tastatur. Aus Retzel wurde Rätsel, und die Wellenlinie verschwand. „Siehst du?"

„Als ob das nicht egal wäre!", murmelte Martin. „Sagt mir lieber die Stellen an, dann geht es schneller."

„Lk 15,15", las ich vor.

„Das hab ich schon: *Da ging er zu einem Bürger des Landes und drängte sich ihm auf; der schickte ihn aufs Feld zum Schweinehüten*. Was ist das nächste?"

„Mk 5,11."

„Okay. Bibel aufrufen, Stelle finden, Mk 5,11 eintippen. Anzeigen. In die Zwischenablage kopieren. Word-Datei öffnen, gespeicherten Text kopieren. Fertig! Na, ist das cool?" Martin hatte seine Worte mit einigen knappen Handbewegungen begleitet, mit denen er die Maus bediente, und schon erschien wie von Zauberhand auf dem weißen Bildschirm der Text:

*„Nun weidete dort an einem Berghang gerade eine große Schweineherde."*

„Wahnsinn!", staunte ich bewundernd. „Wenn ich bedenke, wie lang wir gestern für die drei Stellen gebraucht haben . . . Kannst du jetzt noch dazuschreiben, wie die Stelle heißt, damit wir sie mit Hedwigs Zettel vergleichen können und nichts vergessen?"

„Natürlich. Kein Problem." Martin werkelte wie ein Profi. Nach zwanzig Minuten surrte der Drucker und spuckte drei gleiche Zettel aus:

**Rätsel 2**

LK 15,15: *Da ging er zu einem Bürger des Landes und drängte sich ihm auf; der schickte ihn aufs Feld zum Schweinehüten.*
MK 5,11: *Nun weidete dort an einem Berghang gerade eine große Schweineherde.*
JOH 10,16: *Ich habe noch andere Schafe, die nicht aus diesem Stall sind; auch sie muss ich führen, und sie werden auf meine Stimme hören; dann wird es nur eine Herde geben und einen Hirten.*
NEH 6,15: *Nach zweiundfünfzig Tagen, am Fünfundzwanzigsten des Monats Elul, war die Mauer vollendet.*
NEH 7,1: *Als die Mauer gebaut war und ich die Torflügel hatte einsetzen lassen, wurden die Torwächter bestellt.*

Marieli und ich versenkten uns sofort in das Studium des Zettels, während Martin auf dem Computer herumspielte.

„Es hat was mit Schweinehüten zu tun", bemerkte Marieli.

„Oder mit Schafen", sagte ich.

„Vielleicht einfach mit Tieren?"

„Aber dann kommt etwas mit einer Mauer", stellte sie fest. „Was ist denn Elul?"

„Offenbar eine Monatsangabe. So was wie Oktober zum Beispiel."

„Vielleicht ist die Zeit nicht wichtig, nur die Mauer. In der letzten Stelle geht es auch um eine Mauer."

„Hm. ‚Schafe, die nicht aus diesem Stall sind' . . .", wiederholte ich nachdenklich. „Es könnte sich um eine Stallmauer handeln, was meinst du?"

„Schweinehüten . . . Schweineherde . . . Schafe, die nicht im Stall sind . . . Mauer vollendet . . . Mauer gebaut . . ." Marieli war ganz versunken in ihre Konzentration. Endlich tauchte sie auf. „Du hast Recht!", verkündete sie. „Es muss eine Mauer von einem Stall gemeint sein. Ein Schweine- oder Schafstall. Aber welcher?"

Gute Frage. Ställe gab es hier an jeder Ecke.

„Gibt es irgendwen, der Schafe hat?", fragte ich.

Marieli dachte angestrengt nach. „In der näheren Umgebung fällt mir niemand ein. Die haben alle Kühe. Aber Schweine haben schon viele Leute."

Ich nickte. Da ich aus der Sache mit dem Altar schlauer geworden war, stellte ich fest: „Das kann im Jahr 1944 natürlich ganz anders gewesen sein."

„Schweine kommen aber zweimal vor", gab Marieli zu bedenken.

„Wahrscheinlich hat sie am ehesten den Stall von ihrem eigenen Hof gemeint", überlegte ich. „Egal, ob Schweine oder Schafe. So viele Ställe wird's am Thaler-Hof ja nicht geben."

Marieli wiegte den Kopf hin und her und dachte über meine Worte nach. „Wahrscheinlich hast du Recht“, meinte sie dann. „Da müssen wir also noch mal zum alten Thaler-Hof runtergehen.“

„Oje! Bei Tag trau ich mich das aber nicht!“, rief ich.

„Warum eigentlich nicht?“

„Als ich das erste Mal dort war, hat mich ein Wildhüter erwischt, der war stinksauer! Er hat mir alles Mögliche angedroht, falls er mich noch mal erwischt!“

Marieli nagte nervös an ihrer Unterlippe. „Dann also wieder in der Nacht“, sagte sie unsicher.

„Ich kann auch alleine gehen, wenn ihr Angst habt“, bot ich an, doch da schaute sogar Martin von seinem Computer auf, und beide beteuerten, dass sie keine Angst hatten.

„Abgemacht. Dann haben wir also ein Abendprogramm!“, sagte ich. „Und bis dahin könnten wir die alte Mesnerin besuchen!“

# 14

Der Böck-Hof lag etwas höher am Berg als unserer. Glücklicherweise war es nur ein kurzes Stück zu gehen. Unsere beiden Ausflüge nach Rothnersbach gestern hatten uns doch ein bisschen müde gemacht. Und heute Nacht wollten wir schließlich fit sein!

Martin war bei seinem Computer geblieben. Er wollte die Bibelstellen der restlichen drei Rätsel raussuchen und zusammenschreiben. In Wahrheit war er einfach lieber mit seinem Computer zusammen als mit fremden alten Mesnerinnen!

Der Hof schien wie ausgestorben, als Marieli und ich gegen Mittag ankamen. Natürlich waren auch hier alle Arbeitskräfte bei der Heuernte. Wir klopften an die Tür des Wohnhauses, und als niemand antwortete, öffneten wir vorsichtig.

Wir schauten in eine Wohnküche, die etwas moderner eingerichtet war als unsere, aber auch den unvermeidlichen gusseisernen Herd enthielt. Daneben, auf dem angestammten Platz aller Großmütter zwischen Herd und Tisch, saß eine uralte Frau. Trotz der sommerlichen Hitze trug sie ein Kopftuch und eine zerschlissene Strickjacke über ihrem Arbeitskittel. Auf dem Fensterbrett gegenüber stand ein kleiner Fernseher, in dem das Vormittags-Kinderprogramm lief. Die Frau sah aber nur mit halbem Auge zu, weil sie nebenbei Rüben putzte, die in einem Topf auf dem Tisch standen.

Ich räusperte mich. „Grüß Gott . . . Sind Sie die Frau Windhager?“

Jetzt erst sah die Frau auf und bemerkte uns. „Ja sowas,

Besuch ist da!", schrie sie. „Bitte, kommt's nur herein! Aber die Amanda ist nicht da, die hilft auf'm Feld!"

So wie sie brüllte, musste sie stocktaub sein.

„Wir suchen nicht die Amanda!", rief ich laut. „Wir suchen eine Frau Maria Windhager!"

„Ah? Das bin ich!", wunderte sich die Frau. „Was wollt's denn von mir?" Sie schaltete den Fernseher mit der Fernbedienung aus und wies uns mit einer Handbewegung an, am Tisch Platz zu nehmen.

„Sie waren doch früher Mesnerin in Rothnersbach!", schrie Marieli.

„Ja, das war eine schöne Zeit!" Die Augen zwischen den tausend Falten glänzten verklärt. Bevor sie jetzt ihre gesamten Jugenderinnerungen zum Besten geben konnte, sagte ich schnell:

„Wir schreiben für die Schule einen Aufsatz über die Kirche von Rothnersbach und da wollten wir Sie bitten, dass Sie uns erzählen, wie sie früher ausgeschaut hat!"

„Ja, sowas, in den Ferien einen Aufsatz schreiben, so fleißige Kinder!", freute sich die alte Frau. „Da helf ich doch gern!" Weitschweifig begann sie von den Glasfenstern zu erzählen, die im Krieg zerstört worden waren, von den Heiligenbildern und vor allem von Herrn Auer, dem alten Pfarrer, dem sie vierzig Jahre lang treu gedient hatte.

„Am meisten interessiert uns der Altar!", schrie Marieli, als die Mesnerin einmal ein Pause machte. „Wie hat er ausgesehen? War etwas draufgeschrieben?"

„Wartet's, wollt's ihr vielleicht ein Foto sehen?" Mit unerwarteter Behändigkeit sprang die Frau auf. „Ich muss sie nur von oben holen!"

Kurz darauf kam sie mit zwei ungeheuren Fotoalben wieder. Marieli und ich tauschten einen Blick. Mussten wir uns das jetzt alles anschauen?

Tatsächlich, es blieb uns nicht erspart. Aus lauter Höflichkeit blieben wir sitzen und hörten uns Geschichten über Frau Windhagers Verwandte an, von denen sie so selbstverständlich sprach, als ob wir sie alle kennen müssten. Ab und zu erinnerte sie sich „Ah, ihr wollt's ja die Kirche sehen!", dann überblätterte sie gnädig ein paar goldene Hochzeiten oder Babybilder, um dann doch wieder irgendwo hängen zu bleiben.

„Früher hat man ja nicht so viel fotografiert wie heute und nach dem Krieg war's überhaupt schwierig . . ." Sie unterbrach sich und zeigte auf ein Bild: „Das war die Primiz vom Pfarrer Auer! Da ist auch der alte Altar drauf."

Wie die Geier stürzten wir uns auf das Bild. Der Altar auf dem Schwarzweißfoto war offensichtlich aus Holz. Er war mit einer weißen Spitzendecke zugedeckt, aber unterhalb des Saumes konnte man auf dem Altar eine Inschrift entziffern: *„Ihr seid das L“* (Hier stand Pfarrer Auer davor) *„r Welt. Mt 5,14“*

Das war es, was wir suchten!

„Mt 5,14“, flüsterte ich vor mich hin, um es nicht zu vergessen. An Marielis angestrengtem Gesicht konnte ich erkennen, dass sie das Gleiche tat.

„Das war 1936“, erzählte die alte Mesnerin, „eine schwierige Zeit, jaja . . . Schaut's, das bin ich!“ Sie deutete mit ihrem schwieligen Finger auf ein junges Mädchen am Rand des Fotos. „Das möcht' man gar nicht mehr glauben heute, gell?“ Sie lachte.

Höflichkeitshalber ließen wir auch noch die restlichen Geschichten bis zu Pfarrer Auers silbernem Priesterjubiläum über uns ergehen. Endlich warf die Frau einen Blick auf die Uhr, die in der Küchenkredenz stand, und rief erschrocken:

„Du lieber Herr Jesus, schon so spät! Gleich kommen die Leut' vom Feld, und es gibt nix zum Essen!“

Diesen Moment benutzten wir, um uns höflich zu verabschieden. Die alte Frau schüttelte uns gerührt die Hand und sagte mit Tränen in den Augen: „Das war lieb, dass ihr mich besucht habt's! Es ist schön, wenn junge Leute sich für die alten Geschichten interessieren! Kommt's doch bald einmal wieder!“

Endlich standen wir draußen.

„Mt 5,14!“, sagten wir zugleich und dann mussten wir lachen.

„Puh, ich hab schon geglaubt, die lässt uns überhaupt nicht mehr gehen!“, seufzte ich.

„Sei nicht so gemein!“, schimpfte Marieli. „Hast du nicht gesehen, wie die sich gefreut hat, dass ihr mal wer zuhört? Sei lieber froh, dass du jemandem eine Freude gemacht hast!“

„Da hast du auch wieder Recht“, gab ich zu.

Dann rannten wir zum Raberger-Hof, um zu sehen, was Mt 5,14 für uns bereithielt.

# 15

„Kannst du eigentlich auch mal fünf Minuten an was anderes denken als an das blöde Rätsel?“, schimpfte Martin. „Ich hab den ganzen Vormittag Bibelstellen für dich rausgesucht – jetzt will ich mich auch mal einfach nur amüsieren!“

Die Raberger-Oma hatte Zeit gefunden, uns ins Schwimmbad im nächsten Ort zu bringen. Während Martin wieder und wieder seinen Kabinenschlüssel auf den Grund des Beckens warf, um danach zu tauchen, lag ich auf einer Pritsche und dachte nach. Marieli saß neben mir, schleckte ein Eis und verscheuchte mit der anderen Hand die Wespen, die auch gern vom Eis genascht hätten.

„Wieso für *mich* rausgesucht?“, wiederholte ich entrüstet. „Ich hab geglaubt, dir macht die Schatzsuche auch Spaß!“

„Jaja, tut sie ja auch!“, lenkte Martin ein. „Heute Nacht bin ich natürlich dabei. Aber warum kannst du nicht jetzt einfach mal damit aufhören und mit mir schwimmen gehen?“

„Na gut.“ Ich tat, als erhebe ich mich schwerfällig, aber dann sprang ich blitzschnell vor und versetzte ihm einen Stoß. Martin, völlig überrumpelt, kippte vom Beckenrand und platschte ins Wasser. Ich sprang mit einem Köpfler hinterher, und schon war die schönste Unterwasserrauferei im Gange. Der Bademeister befahl uns schließlich aufzuhören.

Marieli rief vom Beckenrand aus: „Weißt du, Martin, ich glaub', der Florian ist erst jemandes Freund, wenn er ihn einmal ins Wasser geschmissen hat!“

Da wurde ich wieder ein bisschen rot.

Wir hatten es dann doch so lustig im Schwimmbad, dass ich erst beim Abendessen wieder an Hedwig und das Rätsel dachte.

„Na, Florian?“ Onkel Franz wuschelte mir durchs Haar, das ich nach dem Schwimmen ungekämmt hatte trocknen lassen. „Du bist ja so still, hast du vielleicht Heimweh?“

Ich schüttelte den Kopf, und die Oma antwortete für mich: „Müd wird er sein! Man sieht den Buben ja den ganzen Tag nicht! Ständig ist er unterwegs oder bei den Rabergers drüben – wenn er nicht ab und zu zum Essen käm, könnte man meinen, er wär gar nicht da!“

„Also ist es doch nicht ganz so schrecklich bei uns, gell?“, lächelte Tante Helga und ich beeilte mich, ihr zu versichern, dass ich es ganz prima fände.

Petra schien sich mit ihrem Mopedfreund versöhnt zu haben; jedenfalls fehlte sie beim Abendessen.

Als das Telefon läutete, meinte Tante Helga: „Das ist sicher die Petra, die von irgendwo abgeholt werden möchte!“

Als sie aber angenommen hatte, sagte sie verwundert: „Für dich, Florian!“

Ich hoffte einen Augenblick lang, es wäre Mama, aber zu meiner Überraschung war es Max, der Ministrantenleiter.

„Entschuldige, ich hab deine Telefonnummer vom Martin Raberger bekommen“, sagte er. „Ich wollte nur fragen, wo du das Tagebuch gefunden hast, in dem das Rätsel war?“

„Wozu willst du das wissen?“, fragte ich erstaunt.

„Äh, der Herr Pfarrer will es wissen“, antwortete er.

„Wozu?“

„Er schreibt eine Chronik über Rothnersbach, und vielleicht steht was drin, was er noch nicht weiß.“

„Was ist eine Chronik?“

„Hm . . . so eine Art Liste, wo drin steht, was im Lauf der Zeit so alles wann und wo passiert ist.“

„Ach so.“ Ich senkte vertraulich die Stimme, damit die anderen nicht mithören konnten. „Ich hab das Tagebuch im alten Thaler-Hof gefunden. Aber das musst du nicht unbedingt herumerzählen.“

„Der alte Thaler-Hof? Den kenn’ ich nicht! Wo ist der?“, fragte Max.

„Das ist ein verfallener Hof, der jetzt auf dem Besitz der Kuhn-Altenfels liegt, im Wildgehege“, erklärte ich.

„Ach der!“, rief Max. „Dann kenn ich ihn doch. Ich hab nur nicht gewusst, dass er Thaler-Hof heißt.“

„Eigentlich ist es verboten, da reinzugehen. Deswegen sollst du’s ja nicht rumerzählen.“

„Jaja, ist schon klar. Vielen Dank.“

* * *

Ich tat, als ginge ich früh ins Bett. Wir hatten uns für elf Uhr verabredet. Um mir die Zeit bis dahin zu verkürzen, schrieb ich Mt 5,14 in großen Buchstaben unten auf den Zettel „Retzel 1“.

*„Ihr seid das Licht der Welt. Eine Stadt, die auf einem Berg liegt, kann nicht verborgen bleiben.“*

Hier hatten wir den ersten direkten Hinweis auf das Versteck. Was war wohl gemeint? Das Licht der Welt? Das war meiner Ansicht nach die Sonne. Vielleicht auch Gott. Aber beides war kein besonders brauchbarer Hinweis für einen geheimen Ort. Die „Stadt auf dem Berg“ klang schon eher danach. Aber welche Stadt? Rothnersbach? Das war ja mehr ein Dorf als eine Stadt. Außerdem lag es ziemlich weit im Tal. Aber was sonst? Gab es noch andere Städte in der Nähe?

Ich beschloss, die weiteren Hinweise abzuwarten. Inzwischen ging ich den Zettel „Rätsel 2“ noch mal durch. Besonders wollte ich mir die Stelle mit den Schafen anschauen, weil sonst immer nur Schweine vorkamen.

Ich brauchte keinen Computer, um die Stelle zu finden. Soviel hatte ich schon kapiert, dass „Joh“ für das Evangelium des Johannes stand und mit Hilfe des Inhaltsverzeichnisses fand ich Joh 10,16 innerhalb einer Minute. Um den Satz zu verstehen, las ich das ganze Kapitel durch, das die Überschrift „Der gute Hirte“ trug:

> *„Ich bin der gute Hirt. Der gute Hirt gibt sein Leben für die Schafe. Der bezahlte Knecht aber, der nicht Hirt ist und dem die Schafe nicht gehören, läßt die Schafe im Stich und flieht, wenn er den Wolf kommen sieht. Und der Wolf fällt die Schafe an und zersprengt sie. Der Mietling flieht, weil er eben nur ein bezahlter Knecht ist und ihm an den Schafen nichts liegt. Ich bin der gute Hirt; ich kenne die Meinen, und die Meinen kennen mich, wie mich der Vater kennt und ich den Vater kenne. Ich gebe mein Leben für die Schafe. Ich habe noch andere Schafe, die nicht aus diesem Stall sind; auch sie muß ich herbeiführen, und sie werden auf meine Stimme hören; dann wird es eine Herde und ein Hirt sein.“*

Die Sprache war etwas altmodischer als die Fassung, die Martin dem Computer entlockte, aber das machte mir nichts aus. Ich kapierte, dass Jesus hier in einem Gleichnis von sich und seinen Anhängern sprach. Soviel hatte ich wenigstens in der Schule gelernt – wenn sie mir dort auch ziemlich wenig darüber beigebracht hatten, wie man Bibelstellen auffindet! Jesus war also bereit, sein Leben für die Seinen zu geben. Was er ja letztendlich auch getan hat, denn soviel man weiß, wurde er ans Kreuz genagelt.

Aber was hatte Hedwig dem Willi damit sagen wollen? Was sollte diese Stelle *mir* sagen? Galt sie auch für mich? War ich ein „Schaf", für das Jesus sein Leben gab? Aber warum? Und wer war der „Wolf", der mich bedrohte?

Weil es noch immer nicht elf Uhr war, las ich auch noch die Stelle in Mk 5,11 nach. „Mk" stand für Markus, auch das fand ich leicht. Das Kapitel hieß „Der Besessene von Gerasa", und die Geschichte handelte von einem Verrückten, der in Grabhöhlen hauste, sich selbst mit Steinen schlug und dauernd brüllte. Niemand konnte ihn bändigen, er zerriss alle Fesseln, weil er so stark war. Das alles kam daher, dass er von unzähligen Dämonen besessen war. Jesus aber befahl den Dämonen einfach, den Mann zu verlassen, und da fuhren sie stattdessen in eine Herde Schweine, die zufällig in der Nähe war. Die Schweine schnappten alle über und stürzten sich von einem Felsen in den See, wo sie ertranken.

Also, da war ja echt Action angesagt! Ich hatte immer gedacht, in der Bibel stünde nur frommes Gesülze, aber da war ja voll was los! Wie in einem Horrorfilm, dieser Besessene. Hauste in Grabhöhlen, schön gruselig! Und Jesus konnte mit einem einzigen Wort all diesen Dämonen einfach befehlen wegzugehen, und plötzlich wurde der Mann ganz normal. Was für eine Macht Jesus gehabt haben musste! Ich fragte mich, ob es Dämonen wirklich gab. Ob es sie zumindest früher mal gegeben hatte? War das alles wahr? Oder waren es doch bloß Märchen?

Und was wurde aus den Schweinehirten, deren Schweine sich ersäuft hatten? Die kriegten doch bestimmt riesigen Ärger!

Ach ja, die Schweinehirten! Der Schweinestall! Mittlerweile war es halb elf geworden. Ich beschloss, mich schon mal auf den Weg zu machen.

# 16

Der Himmel war bewölkt, darum war es in dieser Nacht noch finsterer als bei unserem letzten Ausflug. Trotzdem waren wir alle vergnügt; schließlich hatten wir diese kleine Wanderung schon einmal gemacht, und außerdem fanden wir alle Geschmack an den Abenteuern, die Hedwigs Rätsel uns auferlegte.

Also gut, ich gebe zu, ein bisschen unheimlich war's schon, weil es so arg dunkel war. Aber wir überspielten das

mulmige Gefühl, indem wir uns betont lustig benahmen. Erst als wir uns dem Wildgitter näherten, verstummten wir.

„Da! hast du das gesehen?“, zischte Martin plötzlich und rammte mir seinen Ellbogen in den Magen.

Marieli hielt erschrocken die Hand vor ihre Taschenlampe und flüsterte: „Wo?“

„Im Haus drin! Da war ein Lichtschein!“

Wir starrten angestrengt zum Thaler-Hof hinüber. Tatsächlich, jetzt sahen wir es auch: Ein Lichtstrahl blitzte durch eine Öffnung im löchrigen Dach. Nur einen Moment lang, aber das genügte! Mit einem Satz sprangen wir ins Gebüsch; fast gleichzeitig knipsten wir alle die Taschenlampen aus. Wir drängten uns so tief wie möglich ins Dickicht und verharrten reglos. Mein Herz klopfte so laut, dass ich dachte, die anderen müssten es hören. Wir wagten kaum zu atmen.

Nachdem wir eine Weile wie erstarrt im Gebüsch gehockt waren, wisperte Martin:

„Was machen wir jetzt?“

„Ich seh mal nach!“, hauchte ich fast unhörbar. Vorsichtig schob ich mich nach vorne. Blätter raschelten, Ästchen knackten unter meinen Füßen. Einem ausgebildeten Indianer wäre so was nicht passiert! Ganz langsam schob ich meinen Kopf vor und lugte zum Haus hinüber.

Nichts. Das Gehöft lag da wie ausgestorben.

Ich wartete. Eine Minute, zwei, drei. Die angespannten Muskeln in meinem Nacken begannen sich zu verkrampfen. Im Thaler-Hof rührte sich nichts. Vorsichtshalber wartete ich noch ein paar Minuten, dann trat ich leise auf den Hohlweg hinaus.

Immer noch nichts. Nur undurchdringliche Dunkelheit. Eine Eule schrie.

Martin und Marieli wurstelten sich aus dem Gebüsch und kamen neben mich.

„Was machen wir jetzt?", flüsterte Marieli. „Kehren wir um?"

„So kurz vorm Ziel?", fragte ich.

„Irgendwie hab ich gewusst, dass du das sagst!", seufzte Martin. „Also, ich bin dabei! Marieli, willst du hier bleiben?"

Marieli kämpfte mit sich. Schließlich siegte ihre Neugier. „Ich geh auch mit."

Im Finstern kletterten wir über den Wildzaun und schlichen zum Hof.

„Welches ist denn nun der Stall?", fragte ich.

„Das da sieht wie ein Schuppen aus", flüsterte Martin und zeigte auf ein halb abgebranntes Gebäude, von dem im Dunkeln kaum die Umrisse zu erkennen waren. „Ich tippe auf dieses hier."

Jetzt blieb uns nichts anderes mehr übrig, als Licht zu machen. Ich hielt erst mal die Hand vor meine Taschenlampe und knipste sie an, und als daraufhin nichts geschah, gab ich den Strahl frei und ließ ihn über die rußgeschwärzte Mauer gleiten. Der Stall war aus unregelmäßigem Feldstein mit einer Art Mörtel in den Ritzen erbaut. Mannshohes Unkraut wuchs daran empor. Ruß und Alter hatten Flecken hinterlassen.

Martin und ich suchten die Mauer ab, aber Marieli richtete den Strahl ihrer Lampe auf den Boden.

„Was machst du da?", wisperte ich.

„Ich lese den Zettel noch mal durch", gab sie zurück. „Hör dir mal die letzte Stelle an: *Als die Mauer gebaut war und ich die Torflügel hatte einsetzen lassen, wurden die Torwächter bestellt.* Was bedeutet das?"

„Das Tor!", rief ich. Erschrocken schlug ich mir die Hand vor den Mund. „Du bist doch die Schlauste von uns!", fuhr ich im Flüsterton fort.

Marieli war schon bei der Tür des ehemaligen Stalles und beleuchtete den Türstock. „Ich hab's!"

Martin und ich stürzten hin. In den morschen hölzernen Türstock hatte vor langer Zeit jemand ein paar Zeichen eingeritzt: „Spr 24,31."

Marieli zückte triumphierend einen Bleistift, um die Stelle zu notieren.

In diesem Augenblick wurden wir von einem hellen Licht geblendet, und eine hohle Stimme rief donnernd:

„Was habt ihr hier zu suchen, ihr Elenden? Macht, dass ihr fortkommt, solange ihr noch könnt!"

# 17

Noch nie habe ich jemanden so schnell rennen sehen wie Marieli in diesem Augenblick. Es sah fast aus, als ob sie aus dem Stand über den drei Meter hohen Zaun hüpfen würde, so schnell war sie drüben. Martin und ich waren übrigens nicht viel langsamer. Hinter uns ertönte ein irres Gelächter. Wie der Blitz sausten wir den Hohlweg bergauf und hielten erst an, als wir den Durchlass erreichten, wo der Hohlweg vom Ruinenweg abzweigte. Hier lichtete sich der Wald und es wurde ein bisschen heller.

„Puh!“ Wir keuchten so heftig, dass wir minutenlang nicht sprechen konnten.

„Was . . . was war denn das?“, piepste Marieli.

„Das muss dieser Wildhüter gewesen sein!“, schnaufte ich außer Atem.

„Nie im Leben!“, widersprach sie. „Hast du nicht gehört, wie der geredet hat? ‚Ihr Elenden‘!“ Sie ahmte den schaurig-hohlen Ton nach. „Das war ein . . . ein Vampir oder sowas!“

„Ach, Quatsch!“ Martin stieß seine Schwester in die Seite. „Vampire gibt’s nicht!“

„Bist du ganz sicher?“ Marieli zitterte. „Ich glaube, auf dem Schatz liegt ein Fluch.“ Ihr Flüstern war kaum noch zu hören. „Ehrlich, eine dunkle Macht versucht uns davon abzuhalten, dass wir ihn finden!“

Mir lief ein Schauer über den Rücken. Ich hatte genug Gruselgeschichten gelesen, um zu wissen, was Marieli meinte. Saugten sich die Autoren dieser Geschichten denn wirklich alles aus den Fingern? Vielleicht war ja doch was Wahres dran!

„Der Fluch des Werwolfs!“, rief Martin mit Grabesstimme und zog ein fürchterliches Gesicht. „Huh, huh, lasst die Finger von meinem Schatz!“

„Hör auf!“, kreischte Marieli.

*„Ich bin der gute Hirte“*, hörte ich mich sagen. *„Wenn der Wolf kommt, gebe ich mein Leben für die Meinen!“*

„Hä?“, machte Martin verblüfft.

„Ich habe die Stelle mit dem Schafstall nachgelesen“, erklärte ich ein wenig verlegen. „Da sagt Jesus, dass er seine Schafe – also die Leute, die zu ihm gehören – beschützt und sogar sein Leben für sie gibt.“

„Jesus ist für uns gestorben“, bestätigte Marieli, noch immer zitternd. „Das sagt die Oma auch immer.“

„Ja, und?“, fragte Martin verständnislos.

„Wir müssen Jesus nur bitten, uns zu beschützen“, erklärte Marieli mit etwas festerer Stimme. „Dann kann uns nichts passieren.“

Das war einen Versuch wert.

„Lieber Jesus, beschütze uns vor dem Wildhüter oder dem Werwolf oder was immer es ist, und lass uns den Schatz finden“, betete Marieli.

„Amen!“, sagten Martin und ich.

Nach einer Pause fragte ich zögernd: „Wollt ihr wirklich noch weitersuchen?“

„Na, jetzt erst recht!“, rief Martin unvorsichtig laut, und Marieli nickte.

„Also dann!“ Ich streckte eine Hand vor. „Einer für alle!“

„Alle für einen!“, antwortete Marieli, die das Buch offensichtlich auch gelesen hatte, und legte ihre Hand auf meine.

„Einer für alle, alle für einen!“, wiederholte Martin und legte seine Hand oben drauf.

Zufrieden schauten wir einander an. Der Werwolf war uns offensichtlich nicht gefolgt.

„Spr 24,31", sagte ich, um es nicht zu vergessen. „Und morgen lösen wir Rätsel 3, 4 und 5!"

„Ach", bemerkte Marieli, während wir langsam heimwärts wanderten. „Morgen können wir nicht. Unsere Oma will mit uns in die Stadt fahren, Schuhe kaufen und so."

„Ausgerechnet morgen? Hat das nicht Zeit?", fragte ich enttäuscht.

„Was weiß ich."

„Aber mach ja nicht ohne uns weiter!", befahl Martin. „Du musst auf uns warten, ja? Versprich es!"

„Na gut", murmelte ich widerstrebend. „Ich warte, bis ihr wieder da seid."

# 18

Es kostete mich große Überwindung, mit der Schatzsuche einen Tag Pause zu machen. Gerade jetzt, wo die Sache so spannend geworden war! Versuchte wirklich jemand zu verhindern, dass wir den Schatz fanden? Die Person hinter dem grellen Licht konnte nicht der Wildhüter gewesen sein, der hatte ganz anders gesprochen. Aber wer konnte das sonst sein? Ich brannte darauf, das Geheimnis zu lüften.

Wenigstens konnte ich derweil Spr 24,31 nachschlagen. „Spr" bedeutete anscheinend „Sprüche Salomos". Als ich die Stelle fand, wurde mir manches klar:

„*Und siehe, lauter Nesseln waren darauf, und er stand voll Disteln, und die Mauer war eingefallen.*"

Das war es. Natürlich! Eine „Stadt auf dem Berg", die voller „Nesseln und Disteln" stand und deren „Mauern eingefallen" waren! Das musste die Ruine sein! Die stand ganz hoch oben auf einem Felsen, und die Beschreibung mit den Disteln traf genau zu. Ich wurde ganz aufgeregt. Jetzt wusste ich, dass wir auf der richtigen Spur waren!

Am liebsten wäre ich gleich zur Ruine gerannt und hätte zu suchen begonnen. Aber ich hatte versprochen, auf Martin und Marieli zu warten. Außerdem war es sinnlos zu suchen, bevor wir die restlichen drei Hinweise entschlüsselt hatten. Die Ruine war zwar nicht groß, aber es gab dort genügend Plätze, an denen etwas versteckt sein konnte. Es war schlauer, erst noch die verbliebenen drei Rätsel zu lösen. Ach, warum mussten die Rabergers gerade jetzt Schuhe kaufen!?

Um mich zu beschäftigen, nahm ich Hedwigs Tagebuch heraus, das ich in den letzten Tagen vor lauter Schatzsuche wenig beachtet hatte. Zuletzt hatte ich gelesen, wie Willi das Rätsel löste. Er schaffte es in einem Tag. Na ja, er hatte auch nicht so viele Hindernisse zu überwinden wie wir! Ich las weiter:

25. AUGUST 1944: *Willi hat ein paar Tage gebraucht, bis er sich getraut hat, mich nach dem Gleichnis vom verlorenen Sohn zu fragen. Ich hab ihm erklärt, daß Gott jeden so freundlich aufnimmt wie der Vater in der Geschichte den Sohn. Auch die Sünder. (Auch den Willi, der seiner kleinen Schwester Resi die Wurst weggegessen hat!) Dann haben wir gemeinsam gebetet.*
*Ach Jesus, das hat mich so froh gemacht!*
*Noch immer keine Post von Mutti.*
*Ich mache mir Sorgen.*

Was für eine Geschichte vom verlorenen Sohn hatte ich da übersehen? Willi, der das Rätsel ohne Computer lösen musste, hatte anscheinend mehr davon als wir! Wir ließen uns einfach vom Programm den richtigen Satz raussuchen, während Willi den ganzen Abschnitt lesen musste! Das war ja auch Hedwigs Absicht gewesen. Und wie man sah, hatte sie erreicht, was sie vorgehabt hatte.

Übrigens machte ich mir auch Sorgen um Hedwigs Mutter. Das war irgendwie blöd, denn egal was mit ihr geschehen war – es war fast sechzig Jahre her! Hoffentlich fand Hedwig es bald heraus. Ich blätterte um. Die nächste Eintragung traf mich wie ein Schlag.

3. SEPTEMBER 1944:
*Vati ist tot.*
*Vati ist tot.*
*Vati ist tot.*
*Gestern kam endlich ein Brief von Mutti,*
*und darin stand das Schreckliche. Vati ist gefallen.*
*Ich kann es noch gar nicht begreifen.*
*Vielleicht verstehe ich es, wenn ich es aufschreibe:*
*Vati ist tot. Mein Vati wird nicht mehr*
*nach Hause kommen!*
*Er ist für das Vaterland gestorben. Für uns.*

Die Schrift war fleckig und das Papier wellig. Ich bin sicher, Hedwig weinte, als sie das schrieb. Mir war auch zum Heulen.

*Ich muß jetzt tapfer sein. Heute Abend werde ich an Mutti schreiben. Sie hat ja jetzt nur noch mich.*

Ja, das kenne ich! Acht Jahre lang hatte Mama nur mich, und das war nicht immer leicht für uns. Aber es ist fast genauso bitter, wenn plötzlich ein Stephan daherkommt und dich von deinem Platz verdrängt . . .!

*Ich weiß, daß Vati es jetzt viel besser hat.*
*Jesus hat doch im Himmel eine Wohnung*
*für ihn vorbereitet, das weiß ich.*
*Und ich weiß auch, daß ich ihn dort*
*wieder sehen werde.*
*Auch sollte ich dankbar sein dafür,*
*daß ich meinen lieben Vati fünfzehn Jahre lang*
*bei mir haben durfte.*
*Aber traurig bin ich trotzdem.*

An dieser Stelle war das Papier besonders fleckig, so dass man die Schrift kaum lesen konnte. Ich heulte jetzt auch. Ich ließ das Heft sinken und weinte hemmungslos. Um Hedwigs Vater. Um meinen Vater. Um mich.

Ich war ja noch so klein gewesen, als Papa starb! Ich erinnerte mich undeutlich an eine große warme Hand, die meine festhielt, und an Gute-Nacht-Geschichten abends im Bett. Als ich alt genug war, um Fahrrad fahren zu lernen, war Papa schon nicht mehr da. (Ich glaube, meine Kusine Petra hat es mir beigebracht. Damals war sie ja noch kein blöder „Backfisch".)

Manchmal tat ich mir Leid, weil ich keinen Vater hatte. Nicht mal einen, der jedes zweite Wochenende zu Besuch kam und zu Weihnachten Geschenke schickte. Aber so ungewöhnlich war das auch wieder nicht. Die Sophie in meiner Klasse zum Beispiel, deren Vater war schon vor ihrer Geburt abgehauen und hatte nie wieder was von sich hören lassen. Sophie hatte bloß Stress, weil er am Leben war und sie immer hoffte, er würde sich mal melden. Da war ich mit meinem doch noch besser dran! Ich wusste wenigstens, wo er war.

Ich glaube, ich habe nie wirklich um ihn getrauert. Ich hatte das mit seinem Tod nicht so richtig mitgekriegt und nachher war er eben einfach weg. Aber jetzt heulte ich um all die verlorenen Möglichkeiten. Um all das, was hätte sein können, wenn Papa nicht verunglückt wäre.

Und dann weinte ich wegen Stephan. War das nicht verrückt? Aber ich hatte es auch irgendwie genossen, der „Mann im Haus" zu sein und Mama ganz für mich allein zu haben. Und jetzt musste ich sie mit Stephan teilen, und vielleicht würde sie ihn sogar lieber haben als mich!

Ach, Hedwig, es ist nicht leicht, ein Kind zu sein, nicht wahr? Damals nicht und heute auch nicht.

* * *

Weil ich gerade so schön in Weltschmerz-Stimmung war, ging ich ein bisschen mit Rolli im Wald spazieren. Eigentlich war Rolli wie ein richtiger Freund, der Einzige, der mich wirklich verstand.

Danach ging es mir besser. Ungeduldig wartete ich auf den Abend und darauf, dass Martin und Marieli endlich mit ihren neuen Schuhen zurückkamen.

# 19

„Eigentlich hab ich geglaubt, der Schatz liegt längst nicht mehr dort und wir suchen nur zum Spaß“, meinte Martin.

Wir saßen alle drei auf dem Ast der großen Weide, der tief über den Rothnersbach hing. Unsere nackten Zehen berührten das kühle Wasser. Ein prächtiger Sonnenuntergang färbte den Himmel rot.

„Das hab ich auch gedacht“, gab ich zu. „Aber jetzt, wo jemand uns anscheinend behindern will, bin ich mir nicht mehr so sicher!“

„Glaubst du wirklich, dass uns jemand beim Schatzsuchen behindern will?“, fragte Martin. „Das war doch bestimmt nur der Wildhüter von den Kuhn-Altenfels, der uns vom Wildgehege verjagen wollte!“

„Nö!“, widersprach ich. „Die Stimme des Wildhüters kenn’ ich, die war ganz anders!“

„Vielleicht gibt’s mehrere“, warf Marieli ein.

„Und die arbeiten rund um die Uhr, mitten in der Nacht?“, fragte ich skeptisch.

„Aber wenn es jemanden gibt, der weiß, was wir da machen und der weiß, dass es den Schatz gibt – warum holt er ihn sich dann nicht einfach selber?“, wandte Martin ein.

„Und warum hat er gewartet, bis wir den Hinweis an der Tür gefunden haben?“, ergänzte Marieli. „Offenbar war der . . . äh, diese Person schon vor uns da. Wir haben doch den Lichtschein gesehen. Warum hat er im Dunkeln gewartet, bis wir fertig waren?“

Fragen über Fragen. Wir schwiegen.

„Was, glaubst du, ist es?“, murmelte Marieli schließlich.

„Hm?“

„Der Schatz. Was könnte das sein?“

„Im Tagebuch schreibt Hedwig von den Wertsachen der Familie. Schmuck vielleicht? Oder auch nur Papiere. Dokumente. Aktien. Solches Zeug.“

„Im Krieg ist viel verschwunden“, sagte Martin nachdenklich. „Erinnerst du dich, Marieli? Die Oma hat uns doch mal von diesem Dings erzählt, wie heißt das doch – eine Brosche oder Haarnadel oder so was? Ein ganz wertvolles Ding, das Omas Urgroßmutter von der Kaiserin persönlich geschenkt bekommen hat! Das ist auch im Krieg weggekommen.“

„Stell dir vor, wir würden so was Wertvolles finden!“, schwärmte Marieli.

„Dann könnte der Papa endlich ein Kühlhaus bauen", träumte Martin.

„Ein Küh-Haus?", wiederholte ich erstaunt. „Ihr habt doch eh einen Stall!"

„Ein Küh-L-haus!", sagte Martin überdeutlich.

„Was ist das?"

„So was wie eine große Tiefkühltruhe", erklärte Marieli. „So groß wie eine Hütte."

„Wozu braucht man das?"

„Wenn wir ein Kühlhaus hätten", setzte Martin mir auseinander, „dann könnten wir selber schlachten und unsere Rindviecher als Bio-Fleisch direkt vom Hof weg verkaufen. Verstehst du? Das würde viel größere Gewinne einbringen."

„Ihr wollt eure Kühe selber schlachten?", fragte ich entsetzt.

„Na sicher, wieso nicht? Wir schlachten ja auch unsere Schweine selber – aber nur für uns, nicht zum Verkaufen."

„Das ist ja grauenhaft!" Ich schüttelte mich.

„Komm, tu nicht so! Was glaubst du denn, woher deine Schnitzel kommen?!", meinte Marieli.

Da hatte sie natürlich auch wieder Recht.

„Aber selbst wenn wir was Wertvolles finden", kam Martin aufs Thema zurück, „dann gehört es doch eigentlich der Familie Thaler, nicht wahr?"

„In dem Hof wohnt doch niemand mehr", gab Marieli zu bedenken.

„Naja, schon", warf ich ein, „aber diese drei Kinder, Willi, Resi und Hansi . . . die müssten jetzt so . . ." Ich rechnete schnell. „. . . so zwischen sechzig und siebzig Jahre alt sein. So wie unsere Großeltern. Glaubst du, dass die alle schon gestorben sind?"

„Ich weiß nicht . . . Kennst du irgendwelche Thalers?", fragte Marieli ihren Bruder.

„Nö."

„Vielleicht klärt sich das alles von selbst, wenn wir den Schatz erst mal gefunden haben. Oder die Stelle, wo der Schatz einmal versteckt war", hoffte ich.

„Jedenfalls macht es die Sache erst richtig interessant", stellte Martin befriedigt fest. „Heute werden wir nicht mehr viel weiter kommen, aber morgen geht's gleich in der Früh los. Ich hab dir die Stellen von Rätsel 3 mitgebracht, da kannst du schon mal nachdenken." Er reichte mir einen Zettel, den er etwas zerknittert aus seiner Hosentasche fischte.

„Also dann, bis morgen."

Der Zettel „Rätsel 3" enthielt folgende Hinweise:

> Ps 23,3: *Er stillt mein Verlangen; er leitet mich auf rechten Pfaden, treu seinem Namen.*
> Lk 10,31: *Zufällig kam ein Priester denselben Weg herab; er sah ihn und ging weiter.*
> Spr 8,3: *neben den Toren, wo die Stadt beginnt, am Zugang zu den Häusern ruft sie laut:*
> Mt 28,20: *und lehrt sie, alles zu befolgen, was ich euch geboten habe. Seid gewiss: Ich bin bei euch alle Tage bis zum Ende der Welt.*

Daraus wurde ich erst mal überhaupt nicht schlau. Gleich der erste Hinweis schien eigentlich gar kein Hinweis zu sein. *Er stillt mein Verlangen*?? Was sollte das für ein Ort sein? *Er leitet mich auf rechten Pfaden*, aber welches waren denn die rechten? Das wollte ich ja gerade wissen!

Da ich in der vergangenen Nacht doch nicht allzu viel geschlafen hatte, legte ich mich schon mal ins Bett, bevor ich Hedwigs Bibel zur Hand nahm. Ich begann bei Stelle 1. Der Abschnitt, aus dem sie stammte, war anscheinend Psalm 23:

> *Der HERR ist mein Hirte, mir wird nichts mangeln. Er weidet mich auf einer grünen Aue und führet mich zum frischen Wasser.*

*Er erquicket meine Seele. Er führet mich auf rechter Straße um seines Namens willen.*
*Und ob ich schon wanderte im finstern Tal, fürchte ich kein Unglück; denn du bist bei mir, dein Stecken und Stab trösten mich.*
*Du bereitest vor mir einen Tisch im Angesicht meiner Feinde. Du salbest mein Haupt mit Öl und schenkest mir voll ein.*
*Gutes und Barmherzigkeit werden mir folgen mein Leben lang, und ich werde bleiben im Hause des HERRN immerdar.*

Schon wieder das Bild vom Hirten! Das hatten wir doch schon. Schien eine von Hedwigs Lieblingsstellen zu sein! Immerhin ließ der gute Hirte sich diesmal nicht vom Wolf fressen. Dafür tat er dem Schaf sonst eine Menge Gutes: *Grüne Au, frisches Wasser, rechte Straße.* Ein Paradies für Schafe. *„Ich fürchte kein Unheil, denn du bist bei mir."* Cool, wenn man das von sich behaupten konnte! Ich fürchtete immer eine ganze Menge Unheile aller Art. War Jesus, der gute Hirte, immer bei mir, beschützte mich vor allem Unheil und so? Und wenn ja, woran würde ich das merken?

„Ich werde bleiben im Hause des Herrn immerdar." Auch das hatte ich schon irgendwo gelesen. Ach ja, Hedwig schrieb in ihrem Tagebuch davon, dass ihr Vater im Himmel eine Wohnung hatte oder sowas.

Wenn ich das alles nur ein bisschen besser verstehen könnte!

* * *

Am Samstagmorgen erwachte ich davon, dass jemand mich unsanft rüttelte. Verschlafen blinzelte ich in den hellen Sonnenschein. Martin und Marieli standen voll angezogen vor meinem Bett und grinsten.

„Faulpelz!"

„Schlafmütze!"

In zehn Minuten war ich fertig. Wir setzten uns in unserer Küche um den Tisch und ich schmierte mir ein Brot.

„Wisst ihr schon, wo wir Hinweis 3 finden?", fragte ich zwischen zwei Bissen.

„Keine Ahnung. Wir haben gehofft, dass Mister Superhirn es austüfteln wird."

Ich verschwieg, dass ich stattdessen über gute Hirten, brave Schafe und Wohnungen im Haus des Vaters nachgedacht hatte, und zog Martins Hinweiszettel aus der Tasche.

„Was soll das mit den rechten Pfaden heißen?", begann ich. „Welcher Pfad ist denn der rechte?"

„Na, der, der nach rechts geht!", sagte Marieli prompt.

Ich sah sie überrascht an. Na klar! Ich hatte unter „recht" immer nur „richtig" verstanden, aber natürlich konnte man auch ganz einfach „rechts" meinen!

„Und an welcher Abzweigung?", fragte Martin düster. „Pfade, die rechts abzweigen, gibt's schließlich überall!"

„Zufällig kam ein Priester denselben Weg herab", las ich vom Zettel. „Also muss es ein Weg sein, den Priester auch benutzen."

„Na und? Die können doch überall gehen!", brummte Martin.

„Vielleicht soll dieser Hinweis den Weg zur Kirche beschreiben", vermutete Marieli.

„Also auf Deutsch: die Hauptstraße!", ergänzte Martin.

„Das heißt, wir sollen auf der Hauptstraße nach rechts gehen?", überlegte ich. „Nach rechts von wo aus?"

„Na, vom Thaler-Hof aus natürlich!“, sagte Marieli.

Das klang sinnvoll. Wenn man vom Thaler-Hof raufkam, erst durch den Hohlweg, dann auf dem Ruinenweg, stieß man schließlich auf die Hauptstraße. Links ging es in Richtung Rothnersbach, rechts führte die Straße den Berg hinauf, an ein paar Gehöften vorbei und dann über die Höhe und auf der anderen Seite ins nächste Tal hinunter nach Grohsdorf.

„Gut, wir gehen also die Hauptstraße nach rechts, das heißt stadtauswärts“, fasste ich zusammen. „Aber bis wohin?“

*„Neben den Toren, wo die Stadt beginnt, am Zugang zu den Häusern ruft sie laut“*, las Martin vor.

*„Neben den Toren?* Rothnersbach hat doch keine Stadttore, oder?“, fragte ich.

*„Wo die Stadt beginnt, am Zugang zu den Häusern* – vielleicht ist einfach der Rand von Rothnersbach gemeint, auch ohne Stadttor“, vermutete Marieli.

*„Und lehrt sie, alles zu befolgen, was ich euch geboten habe. Seid gewiss: Ich bin bei euch alle Tage bis zum Ende der Welt“*, las ich den letzten Hinweis. „Was soll denn das nun wieder heißen?“

*„Lehrt sie* – vielleicht soll das die Schule sein?“, vermutete Martin.

„Die steht aber in der Mitte von Rothnersbach und nicht am Rand“, sagte Marieli nachdenklich. „Ich glaube, der Hinweis ist eher *bis zum Ende der Welt*. Das könnte bedeuten: bis ganz ans Ende von Rothnersbach. Oder bis ganz ans Ende der Straße.“

Ich las die beiden letzten Hinweise noch mal durch.

„Du könntest Recht haben“, stimmte ich ihr dann zu. *„Wo die Stadt beginnt, am Zugang zu den Häusern, bis zum Ende*. Das könnte tatsächlich das Ende der Straße sein.“

„Aber die Straße *hat* kein Ende!“, warf Martin ein. „Die geht durch bis Grohsdorf.“

„Hm." Ich dachte nach. Der Reinfall mit dem Altar kam mir in den Sinn. „Und wie war das 1944?"

„Frag doch einfach deine Oma!"

Ich stopfte mir den letzten Bissen des Marmeladenbrotes in den Mund und suchte die Oma. Sie war im Hof damit beschäftigt, die Hühner zu füttern. Als wir drei wie die wilde Jagd aus dem Haus stürmten, sah sie lachend auf.

„Ja, die Jugend! Immer in Eile! Wohin geht's denn heute?"

„Oma, hat die Straße immer schon bis Grohsdorf geführt?", platzte ich heraus.

„Immer schon?", wiederholte sie. „Was gibt es denn ‚immer schon'?"

„Na, im Ernst, war die Straße früher mal irgendwo zu Ende?"

„Meine Güte, was du für Fragen stellst!" Oma lachte. „Ich glaube, über die Höhe ist sie erst nach dem Krieg gebaut worden."

Wir wechselten einen raschen Blick.

„Und wo hat sie früher aufgehört?", beharrte ich.

Oma überlegte. „Hm, warte mal . . . Die Ferienhäuser ganz oben sind neu . . ." Jetzt fiel es ihr ein. „Das letzte Haus an der Straße war glaube ich dieser Königsbau!"

„Königsbau?"

„Ja, dieses komische große gelbe Haus mit den Erkern . . . Das hat ein Professor König aus Wien bauen lassen, und zwar schon vor dem Ersten Weltkrieg. Er wollte irgendwelche Studien in der Natur betreiben oder so etwas. Mein Großvater hat für ihn gearbeitet. Wozu wollt's ihr denn das wissen?"

„Ach, nur so. Falls ich im Herbst einen Aufsatz über meine Ferienerlebnisse schreiben muss!", schwindelte ich, und schon waren wir weg.

# 21

Das Haus, das Oma uns beschrieben hatte, lag hinter einigen riesigen Bäumen versteckt. Es war tatsächlich ein seltsamer Bau, ganz anders als die Bauernhöfe ringsherum. Der verwitterte Verputz war früher wohl einmal tiefgelb gewesen. Das gewaltige Dach war mit grauen Schieferplatten gedeckt. An jeder Ecke ragte ein komisches kleines Türmchen hervor – wahrscheinlich die Erker, die Oma gemeint hatte. Über der Eingangstür, die eigentlich schon mehr ein Tor war, verlief ein Balken; darauf stand in geschnitzten Buchstaben „Hermann König, 1909".

„Und wo ist jetzt unser Hinweis?", fragte Martin.

„Glaubst du, deine Hedwig hat hier auch etwas in die Mauer geritzt?" Marieli konnte das nicht recht glauben. „Also, ich würde mich nicht trauen, etwas auf ein fremdes Haus zu schreiben!"

Wir gingen um das ganze große Gebäude herum und suchten die Mauer ab. Auf einer Seite gab es einen kleinen eingezäunten Garten. Nachdem wir uns vergewissert hatten, dass niemand zu Hause war, stiegen wir wieder mal über einen fremden Zaun und gingen vorsichtig um die verwilderten Beete herum.

„Wegen dieser Hedwig werden wir alle noch mal verhaftet werden!", motzte Martin. „Was wir ständig Verbotenes tun!"

Hinter dem Haus mussten wir durch knietiefe Brennnesseln steigen. Schließlich hatten wir das ganze Haus umrundet, ohne etwas gefunden zu haben.

„Es wird doch nicht innen drin sein?", fragte Marieli.

Plötzlich hatte ich eine Idee. Ich nahm Hedwigs Bibel aus meiner Umhängetasche – gut, dass ich sie mitgenommen hatte! – und studierte das Inhaltsverzeichnis.

„Da!", rief ich aus. „Es gibt zwei Bücher, die ‚Könige' heißen!"

„Und?" Martin begriff nicht, aber Marieli wusste sofort, was ich meinte.

„König 1909", las sie die Inschrift über der Tür. „Du meinst, das bedeutet vielleicht Könige 19,9?"

„Genau!" Ich nickte. „Die Frage ist nur: Meint sie das erste oder das zweite Königsbuch?"

„Schau halt in beiden nach!", schlug Martin vor und kam interessiert näher.

Ich blätterte eifrig.

„Also, hier: Erstes Buch der Könige 19,9: *Und er kam dort in eine Höhle und blieb dort über Nacht. Und siehe, das Wort des HERRN kam zu ihm: Was machst du hier, Elia?*"

„Eine Höhle!", rief Marieli. „Das könnte es sein!"

„Warte! Ich les euch noch das zweite Buch der Könige 19,9 vor: *Der König von Assyrien hatte nämlich gehört über Tirhaka, den König von Kusch: Siehe, er ist ausgezogen, mit dir zu kämpfen. Da sandte er abermals Boten zu Hiskia und ließ ihm sagen . . .*"

„Das ist es nicht", befand Marieli. „Ich kenne keinen Ort, der irgendwie so ähnlich heißt wie Ass-. . . Ass-was?" Sie sah mir über die Schulter: „Assyrien! Oder Tirhaka oder Kusch oder Hiskia."

„‚Kusch' sagt man doch zum Hund", sinnierte Martin. „Vielleicht meint sie eine Hundehütte!"

„Blödsinn!", wies ich ihn zurecht. „Die beiden ersten Hinweise bezeichnen ganz klar die Ruine: eine *Stadt auf dem Berge*, in der *Nesseln und Disteln* wachsen, und die *eingefallen* ist.

Das muss die Ruine sein! Dort gibt's doch keine Hundehütte! Aber eine Höhle könnte schon dort irgendwo sein. Wisst ihr nichts?"

Martin zuckte die Achseln. „Wenn du mich so fragst, ich weiß keine Höhle – aber ich geh nicht so besonders oft zur Ruine."

„Also kommt, checken wir die letzten beiden Hinweise!" Marieli rieb sich unternehmungslustig die Hände. „Damit wir endlich suchen können!"

* * *

Zettel Nummer 4, den der fleißige Martin bereits zusammengestellt hatte, lautete:

SIR 41,3: *O Tod, wie wohl tust du dem Armen!*
JOH 11,25: *Jesus erwiderte ihr: Ich bin die Auferstehung und das Leben. Wer an mich glaubt, wird leben, auch wenn er stirbt.*
JOH 14,2: *Im Haus meines Vaters gibt es viele Wohnungen. Wenn es nicht so wäre, hätte ich euch dann gesagt: Ich gehe, um einen Platz für euch vorzubereiten?*
2 SAM 12,19: *David jedoch sah, daß seine Diener miteinander flüsterten, und merkte daran, daß das Kind tot war. Er fragte seine Diener: Ist das Kind tot? Sie antworteten: Ja, es ist tot.*
LK 1,60: *Seine Mutter aber widersprach ihnen und sagte: Nein, er soll Johannes heißen.*

„Okay!", sagte Martin. „Sherlock Holmes vor! Was ist das?"

„Irgendwer ist gestorben", stellte Marieli fest. „Ob das den Friedhof meint?" Sie sah mich erwartungsvoll an.

„Hm?" Ich schreckte aus meinen Gedanken hoch. Mein Blick war bei der zweiten Stelle hängen geblieben: *Ich bin die*

*Auferstehung und das Leben. Wer an mich glaubt, wird leben, auch wenn er stirbt.*

Ich musste an Hedwigs Vater denken, und auch an meinen.

*Leben, auch wenn er stirbt!* Konnte das wirklich wahr sein? Lebte mein Papa irgendwo noch, bei Gott? Wie sehr wünschte ich mir in diesem Augenblick, ich könnte das alles glauben! Im Unterschied zu mir gab es ja für Hedwig offenbar keinen Zweifel daran, dass ihr Vater in einer Wohnung im Himmel auf sie wartete. Woher nahm sie diese Sicherheit?

„Ob du glaubst, dass der Friedhof gemeint ist!“, wiederholte Marieli ihre Frage.

„Was? Oh ja, natürlich!“

*„Im Haus meines Vaters gibt es viele Wohnungen. Ich gehe, um einen Platz für euch vorzubereiten“*, las Martin vor. „Ein Platz für Leute, die tot sind, ist doch bestimmt der Friedhof!“

Da war es wieder. *Im Hause meines Vaters sind viele Wohnungen.* Es musste doch etwas dran sein! Wen könnte ich fragen? Wer kannte sich denn mit solchen Sachen wirklich aus?

„Aber die zweite Stelle redet mehr vom Leben als vom Totsein“, sagte Marieli. „Vielleicht ist es doch nicht der Friedhof?“

„Da geht's aber um Auferstehung“, warf ich ein. „Auferstehen kannst du erst, wenn du zuerst mal tot bist, nicht? ... *wird leben, AUCH WENN er stirbt.* Also geht es um jemanden, der gestorben ist. Jemand, der auferstehen wird.“

„Und der eine Wohnung und einen vorbereiteten Platz hat“, ergänzte Martin. „Also ein Grab. Auf Grabsteinen stehen doch oft so fromme Sprüche, das könnte unser Hinweis sein!“

„Hm. Wessen Grab könnte das sein?“, grübelte Marieli.

„Lies mal die nächste Stelle“, schlug ich vor. „Die handelt davon, dass ein Kind gestorben ist!“

„Und die letzte Stelle sagt, dass das Kind Johannes geheißen hat!“, rief Marieli triumphierend.

„Na also“, sagte Martin zufrieden, „da haben wir es ja schon. Wir gehen nach Rothnersbach auf den Friedhof und suchen ein Grab von einem Kind namens Johannes. Davon wird's doch nicht so viele geben!“

„Schon wieder den ganzen Weg nach Rothnersbach!“, jammerte Marieli. „Und bei der Hitze! Das schaffen wir vor dem Mittagessen nicht mehr!“

# 22

Als ich zum Mittagessen nach Hause kam, reichte Oma mir einen Brief.

„Post für dich, Florian!"

„Was, am Samstag?"

„Der Brief liegt schon seit gestern da, entschuldige! Aber ich seh dich ja kaum."

Die Adresse war in Mamas Handschrift geschrieben, aber als ich den Umschlag umdrehte, las ich als Absender „Stephan Neumayr". Mein Herr Stiefvater. Was wollte denn der von mir? Ich hatte gleich keine Lust mehr, den Brief zu lesen!

Meine Familie war beim Mittagessen sehr gut aufgelegt. Anscheinend war es ihnen gelungen, das ganze Heu einzubringen, das sie bereits gemäht hatten. Sogar Petra hatte sich die fein manikürten Händchen schmutzig gemacht und mitgeholfen. Ich wunderte mich nur, dass sie gar keine ätzende Bemerkung über das „Hätschelkind aus Wien" machte, das nur zum Spielen da war und nichts arbeiten musste! Hatten wir womöglich Waffenstillstand?

„Heut Nachmittag gibt's ein Mords-Donnerwetter!", prophezeite Onkel Franz.

„Gut, dass alles fertig ist!", freute sich Tante Helga.

Petra schaufelte schweigsam ihre Wurstknödel in sich hinein und sah immer wieder verschwörerisch zu mir herüber. Was hatte sie denn heute nur? Bisher hatte sie mich doch kaum eines Blickes gewürdigt? Endlich fragte sie:

„Kann ich am Nachmittag mit dem Florian nach Rothnersbach gehen und ihm den Kirtag zeigen?"

Also das war der Grund für ihre geheimen Zublinzelungen! Sie wollte zum Kirtag und brauchte mich als Vorwand! (Wenn das so war, musste es mit ihrem Mopedfreund ja ganz und gar aus sein!) Nun, an mir sollte es nicht scheitern.

„Wow, voll cool, darauf freu ich mich doch schon die ganze Woche!", sagte ich daher. Petra warf mir einen Blick zu, der sowohl Überraschung als auch Dankbarkeit enthielt.

„Von mir aus, wenn's euch nichts ausmacht, dass es bald regnen wird!", lachte Onkel Franz. „Dann werd' ich euch ein bisschen Geld mitgeben, damit der Florian auch einmal beim Schießstand schießen darf!"

Petra lächelte zuckersüß. Das hatte sie erreichen wollen!

Wir saßen noch beim Nachtisch, da läutete das Telefon. Marieli war dran.

„Schlechte Nachrichten, Flo!", sagte sie. „Martin und ich müssen heut' Nachmittag beim Heuen helfen, damit wir noch vor dem Gewitter alles einbringen können!"

„Was? Ihr? Was könnt ihr denn da groß helfen?", platzte ich verärgert heraus. Dass diese Bauernkinder aber auch ständig etwas vorhaben mussten!

„Der Martin fährt Traktor, und ich sitz hinten und sag ihm, wann er stehen bleiben muss, und –"

„Der Martin kann Traktor fahren?", staunte ich.

„Na sicher!", behauptete sie lässig. „Ich darf auch bald. Voriges Jahr waren meine Beine noch zu kurz, ich hab nicht bis zum Gaspedal gereicht."

„Na so was!" Ich war platt. „Ist das nicht gefährlich?"

Marieli lachte. „Glaubst du, der Papa lässt uns dort fahren, wo's gefährlich ist? Du, aber ich muss jetzt wirklich gehen, sonst ist das Gewitter schneller. Vielleicht sehen wir uns, wenn wir fertig sind."

„Warte! Ich geh mit meiner Kusine nach Rothnersbach zum Kirtag. Ich werde auf den Friedhof gehen und das Grab von diesem Johannes suchen, wenn ich schon dort bin, okay?“

„Na gut.“ Marieli war nicht allzu traurig, dass der Weg in den Ort ihr erspart blieb. „Das letzte Rätsel lösen wir dann wieder gemeinsam. Also, bis heute Abend!“

* * *

Über uns war der Himmel noch ganz blau, als Petra und ich losmarschierten, aber von Westen her türmten sich schon gewaltige Wolkengebirge auf. Petra trug einen Schirm bei sich.

„Wärst du mit dem Fahrrad nicht schneller?“, fragte ich.

„Schon, aber wir haben doch nur eins. Und ich muss – äh, will dich doch mitnehmen.“

„Was willst du eigentlich in Rothnersbach?“, erkundigte ich mich harmlos.

„Auf den Kirtag gehen, das hab ich doch gesagt!“

„Aber nicht unbedingt mit mir, oder?“, grinste ich.

Petra sah verlegen drein. „Na ja . . . Ein paar Freunde von mir sind auch dort, in meinem Alter . . .“

„Ach!“ Ich versuchte, ein enttäuschtes Gesicht zu machen. „Das ist ja schrecklich langweilig für mich! Könnten wir . . . sag mal, macht's dir was aus, wenn wir uns dort trennen?“

Sie schaute mich verblüfft an. Die Ahnungslose! Sie freute sich, dass sie mich so leicht loswurde, und begriff nicht, dass *ich* versuchte, *sie* loszuwerden!

„Na ja . . . wenn du meinst . . .“, sagte sie zögernd. Ha! Ich merkte genau, dass ihr Zögern nur gespielt war! „Das Geld von meinem Papa können wir ja teilen. Und wir machen uns einen Treffpunkt aus, damit wir gemeinsam zurückgehen, gut?“

Sie hatte sich das Ganze also schon genau überlegt. Na, mir konnte es recht sein! Petra musste nicht unbedingt mitkriegen, was ich auf dem Friedhof zu suchen hatte!

Der Kirtag fand auf dem Platz hinter dem Gemeindeamt statt. Ein Haufen Jugendlicher hatte sich bereits vor der Schießbude versammelt, als wir ankamen. Max, der Typ von der Ministrantenstunde, war auch dabei. Petra begrüßte alle, die Burschen wie die Mädchen, mit Umarmung und Küsschen. Nur gut, dass sie das bei mir nie machte!

„Das ist mein Cousin Florian aus Wien", stellte sie mich vor. Ich hob grüßend die Hand.

Max zwinkerte mir zu und raunte mir ins Ohr: „Was macht denn die Schatzsuche?"

Ich war froh, dass er mich nicht laut fragte, und flüsterte zurück: „Wir kommen gut voran. Ich denke, morgen sind wir so weit! Dann wird der Schatz gehoben – falls überhaupt einer da ist!"

Max grinste irgendwie schief, klopfte mir auf die Schulter und wünschte mir viel Glück.

„Na, Kleiner, versuchst du's auch mal?", fragte eines der Mädchen neben Petra und deutete auf die Schießbude. Petra winkte mit den Geldscheinen, die Onkel Franz ihr gegeben hatte.

„Probier doch mal!"

*Wenn die wüssten, dass ich ein Super-Schütze bin,* dachte ich. Lässig trat ich an den Tisch, legte an und schoss – peng, peng, peng! – drei von den kleinen Plastikhülsen herunter.

„Hey, nicht schlecht!", „Der Kleine hat's ja voll drauf!", „Super!", riefen die Umstehenden. Ehe ich's mich versah, hängte der Mann, der die Bude betreute, mir ein Lebkuchenherz um den Hals, auf dem in rosa Zuckerguss stand „Auf ewig dein".

Ich musste plötzlich an Marieli denken und wurde rot.

Zum Glück achtete niemand mehr auf mich. Mit großem Hallo wandte sich die Horde der Schießbude zu.

„Na, Roman, kannst du's genau so gut?", „Mach's nach!", „Zeig, was du kannst!" So ging das Gelächter durcheinander.

Ich zupfte Petra am T-Shirt. „Treffen wir uns um halb sechs wieder hier?“, fragte ich.

Sie sah ganz erschrocken drein, weil sie mich anscheinend schon vergessen hatte.

„Lieber um sechs“, antwortete sie. „Und hier ist deine Hälfte vom Geld.“

Dann war ich frei.

# 23

Das lächerliche Lebkuchenherz um den Hals stieg ich die kleine Anhöhe zur Kirche hinauf. Der Friedhof lag rings um die Kirche wie ein Park. Er war sehr gepflegt, auf allen Gräbern blühten Blumen in prächtigen Farben und auf vielen brannten auch Windlichter. Auf einer Seite breitete sich noch eine leere Rasenfläche aus; hier war Platz für neue Gräber.

Obwohl der ganze Friedhof nicht größer war als der Sportplatz unserer Schule, fühlte ich mich doch ein bisschen ratlos. Wie sollte ich hier das Grab des kleinen Johannes finden? Vielleicht wäre es doch besser gewesen, Martin und Marieli dabei zu haben – zu dritt hätten wir die Grabsteine schneller absuchen können!

Ich seufzte und begann auf der Seite, die an die freien Rasenflächen grenzte. Hier lagen lauter Leute begraben, die nach 1980 gestorben waren. Diese neuen Gräber konnte ich mir sparen. Mich interessierten nur die, die 1944 schon da gewesen waren!

Langsam schritt ich auf den kiesbestreuten Wegen durch die Reihen. Bald kam ich zu den älteren Gräbern. Ich hielt nach „Johannes“ Ausschau, zog aber vorsichtshalber auch „Johann“ und „Hans“ in Betracht. Leider schienen das in dieser Gegend nicht gerade seltene Namen zu sein! Ich fand eine Unzahl von Johannesen, die zum Teil sehr alt, zum Teil mittelalt geworden waren. Auf manchen Gräbern standen Sprüche und Bibelstellen. „Ruhe in Frieden!“, und „Unvergessen“, oft auch „Ich bin die Auferstehung und das Leben“, oder „Wer glaubt, wird leben“ und dergleichen. Offensichtlich gab es eine ganze Menge Menschen, die daran glaubten und Trost und Hoffnung daraus bezogen. Sonst würden sie's ja nicht auf ihre Gräber meißeln lassen, oder? Wieder dachte ich an Papa. Lebte er, irgendwo?

Endlich kam ich an eine schattige Ecke, wo die Friedhofsmauer von Efeu überwachsen war. Hier lag eine kurze Reihe ganz kleiner Gräber, und die Zahlen auf den Grabsteinen bestätigten, dass das lauter Kindergräber waren.

„Poldi Steinbacher, *4. 3. 1922, † 8. 11. 1922“, las ich. Ein Steinbacher-Kind! Also aus meiner Familie! Ob das ein Geschwister meines Großvaters war? Es wurde nur acht Monate alt . . .

Dann hielt ich inne. „Böck Johannes, *12. 10. 1946, † 8. 4. 1947“. Ach nein, das konnte es nicht sein, denn dieses Kind war erst 1947 gestorben. Das Grab war 1944 noch gar nicht da gewesen!

Aber das: „Johannes, *† 3. 8. 1922“. Das arme Baby! Anscheinend war es am Tag seiner Geburt gleich gestorben und man hatte das Datum zweimal nur einmal geschrieben. Familienname war auch keiner dabei. Ob das das gesuchte Grab war?

Ich ging die übrigen Kindergräber durch, aber es war kein Johannes mehr dabei, der vor 1944 gestorben war. Also musste es dieses sein.

Jetzt war ich ein wenig ratlos. Auf dem kleinen eisernen Kreuz stand nichts als der Name und das Datum. Kein Spruch, keine Bibelstelle, gar nichts! Wo blieb mein Hinweis?

Der Himmel verdüsterte sich zusehends. Schon hörte man in der Ferne den ersten Donner grollen. Sicher würde es bald regnen! Gut, dass Petra einen Schirm mitgenommen hatte! Bloß, was nützte das mir?

Ich musste herausfinden, was es mit diesem Grab auf sich hatte.

War ich womöglich auf dem Holzweg, und Hedwig hatte mit Rätsel Nummer 4 ganz etwas anderes gemeint? Aber immerhin hatte ich ein Kindergrab mit dem Namen Johannes gefunden – das sprach dafür, dass wir die Hinweise richtig gedeutet hatten.

Ich dachte an den Königsbau. „Hermann König 1909“ hatte „Könige 19,9“ geheißen. Vielleicht war es hier wieder so? „Johannes 3. 8. 1922“ – vielleicht war damit „Johannes 3,8“ oder „Johannes 19,22“ gemeint!

Schnell nahm ich Hedwigs Bibel aus der Umhängetasche. Der Donner grollte schon näher. Ein Blitz zuckte, aber noch regnete es nicht. Ich schlug hastig Johannes 3,8 auf.

*„Der Wind bläst, wo er will, und du hörst sein Brausen wohl; aber du weißt nicht, woher er kommt und wohin er fährt. So ist es bei jedem, der aus dem Geist geboren ist.“*

Nanu??? Was sollte denn *das* heißen? *Der Wind weht, wo er will*? Das war doch kein Hinweis auf einen geheimen Ort!

Vielleicht war ja auch Johannes 19,22 gemeint:

*„Pilatus entgegnete: Was ich geschrieben habe, bleibt geschrieben."*

Noch mehr nanu!! Das war ja wohl erst recht kein Hinweis! Oder war in der Höhle auf der Ruine, die die bisherigen Hinweise bezeichneten, etwas geschrieben? Das würden wir erst an Ort und Stelle klären können. Ich hatte den Eindruck, dass mein Ausflug nach Rothnersbach kein voller Erfolg war, vor allem, wenn man bedachte, dass ich jetzt gleich patschnass werden würde!

Schon fielen die ersten dicken Tropfen. Es blitzte, und gleich darauf krachte ein gewaltiger Donner. Wo konnte ich mich unterstellen? Mein suchender Blick fiel auf den benachbarten Pfarrhof, wo Pfarrer Somlyay gerade eilig einen zusammengefalteten Sonnenschirm im Schuppen verstaute.

Da hatte ich eine Idee.

## 24

„Ja, der Florian!“, begrüßte mich der junge Pfarrer freundlich und blieb trotz der Regentropfen, die vereinzelt fielen, am Gartenzaun stehen. „Bringst du mir meine CD zurück?“

„Äh, das nicht“, sagte ich verlegen, „aber ich würde Sie gern was fragen ... über die Bibel.“

„Aber bitte sehr!“ Schwungvoll öffnete er das Gartentor. „Nur herein! Macht’s dir was aus, mich ins Haus zu begleiten?“

Das machte mir nun ganz und gar nichts aus, denn in diesem Augenblick begann der Regen sintflutartig herabzurauschen, und gleichzeitig donnerte es wieder.

Kurz darauf saß ich – zwar mit nassem Rücken, aber einem Handtuch um den Hals – mit einem heißen Kakao in dem gemütlichen Arbeitszimmer mit den vielen Büchern.

„Womit kann ich dir diesmal helfen?“, fragte Herr Somlyay.

„Es ist ... also ... Die Raberger-Kinder und ich waren letztens da, weil wir verschiedene Bibelstellen raussuchen wollten für diese Schatzsuche, die ich in dem alten Tagebuch gefunden habe.“

„Schatzsuche? Tagebuch?“

„Ja, dieses Tagebuch aus dem Krieg!“ Das wusste er doch! „Sie kriegen es auch für Ihre Chronik“, fügte ich hinzu, um seinem Gedächtnis nachzuhelfen.

„Für meine Chronik. Ah ja.“

„Also, wir haben jetzt fast alle Bibelstellen rausgesucht und fast alle Hinweise gefunden. Ihre CD war übrigens eine große Hilfe. Aber darum geht’s mir jetzt nicht.“

„So?" Herrn Somlyays Augen hinter der runden Brille funkelten erwartungsvoll. „Worum geht es denn?"

„Ich ... äh, ich möchte wissen, ob das wahr ist, was in der Bibel steht."

Sein Gesicht wurde ernst. „Ja, ich glaube, dass alles wahr ist. Aber was genau meinst du?"

„Diese Stellen ... *Wer an mich glaubt, wird leben, auch wenn er stirbt* ... Und *im Haus meines Vaters sind viele Wohnungen* ... Was bedeutet das?"

Der Pfarrer schwieg und betrachtete mich nachdenklich.

„Es ist nämlich ...", fügte ich fast tonlos hinzu, „weil mein Vater gestorben ist, als ich vier war ... Bedeutet das, dass er noch irgendwo lebt?"

Herr Somlyay setzte sich in seinem Armsessel zurecht. Sein Blick wanderte zum Fenster. Draußen strömte das Wasser vom Himmel.

„Ja, Florian", sagte er feierlich, „ich glaube, dass das so ist. Alle Christen glauben das. Du weißt sicher, dass Jesus am Kreuz gestorben ist, aber nach drei Tagen auferstand."

Ich nickte. Er fuhr fort: „Dadurch hat Jesus den Tod überwunden. Verstehst du? Er war der Erste, der von den Toten wieder auferstanden ist – und jeder, der an ihn glaubt, wird das ebenso tun. Das heißt also, jeder der glaubt, dass Jesus der Sohn Gottes ist und dass er auferstanden ist, der wird selbst in Ewigkeit leben. Deswegen sagt Jesus, dass er uns vorausgeht, um für uns einen Platz vorzubereiten."

„Die Stelle mit den Wohnungen", sagte ich wissend.

„Genau."

„Hm. Und was ist das mit den Schafen ... mit dem guten Hirten? Der seine Schafe auch im finsteren Tal begleitet?"

*„Der Herr ist mein Hirte, mir wird nichts mangeln. Er weidet mich auf einer grünen Aue und führet mich zum frischen Wasser.* Meinst du das? Psalm 23?"

Ich nickte. Erstaunlich, dass er die Stelle auswendig konnte!

„Ja", sagte ich, „und auch die Stelle, wo der gute Hirte sich vom Wolf fressen lässt."

*„Ich bin der gute Hirte; ich kenne die Meinen, und die Meinen kennen mich, wie mich der Vater kennt und ich den Vater kenne"*, zitierte Herr Somlyay.

„Wow, können Sie die ganze Bibel auswendig?", platzte ich heraus.

Er lächelte. „Das gerade nicht. Aber das sind zwei ziemlich bekannte Stellen."

„Was bedeuten sie?"

„Hm." Wieder wanderte sein Blick suchend in den Regen hinaus, als ob dort die Antwort stünde. „Wenn ich glaube, dass Jesus auferstanden ist", begann er langsam, „dann glaube ich wohl auch, dass er jetzt immer noch lebt. Oder?"

„Ja. Das ist eigentlich logisch."

„Gut. Und Jesus sagt uns hier, dass er immer auf uns aufpasst . . . Dass er über uns wacht wie ein guter Hirte. Er lässt sich sogar töten, um uns zu retten. Das hat er ja wirklich getan, als er sich für uns kreuzigen ließ."

„Das verstehe ich nicht. Was bedroht mich denn, dass Jesus sich töten lassen muss, um mich zu retten?"

„Du meinst den Wolf in der Geschichte, der die Schafe anfällt und auseinander treibt." Pfarrer Somlyay nahm die Brille ab und rieb sich die Nasenwurzel mit Daumen und Zeigefinger. „Das ist . . . wie soll ich dir das erklären? Das ist das Böse. Die Sünde. Der Teufel."

„Der Teufel? Ich hab geglaubt, den gibt's gar nicht!", rief ich. „Den braucht man nur, um kleine Kinder zu erschrecken!"

„Das glauben heute viele", sagte er sorgenvoll. „Aber das ist ein Irrtum. In der Bibel steht ganz klar, dass der Teufel die

Menschen von Gott wegbringen will. Er versucht es auf alle Arten, sie zur Sünde zu verführen und zum Unglauben. Und er ist ziemlich gut darin, denn heutzutage glauben die Menschen an alles Mögliche, nur nicht an Gott!"

„Und Jesus lässt sich für mich töten?"

„Das hat er getan. Er ist für dich gestorben. Und für mich. Für uns alle. Aber er ist auferstanden, und er lebt!"

„Aber wieso rettet mich sein Tod vor dem Teufel?" Ich kapierte es noch immer nicht.

„Ja, das ist tatsächlich schwer zu verstehen." Der Pfarrer lächelte. „Schau, die Sünde trennt uns von Gott. Verstehst du das? Gott ist heilig, ganz ohne Fehler und perfekt. In seiner Nähe kann keine Sünde bestehen. Wir machen aber alle Fehler, tun böse Sachen, lügen und sind manchmal gemein. Und so können wir nicht in Gottes Nähe sein. Von Gott getrennt zu sein bedeutet aber den Tod. Wir können nicht leben ohne Gott, ob wir's nun glauben oder nicht! Und damit wir trotz unserer Sünden zu ihm kommen können, ist Jesus für uns gestorben, er hat die Strafe auf sich genommen. Und er ist stärker als der Tod! Das ist die Erlösung: dass Jesus, der stark ist, den Tod für uns, die wir schwach sind, besiegt hat. Er will uns das ewige Leben schenken! Wir müssen dieses Geschenk nur noch annehmen."

Mir schwirrte der Kopf. Tod und Teufel, Erlösung, ewiges Leben! Darüber musste ich noch einmal genau nachdenken!

„Und wie nimmt man dieses Geschenk an?", fragte ich noch.

„Man bittet einfach darum." Er sah mich so freundlich an, dass mir ganz warm ums Herz wurde. „Wenn du es möchtest, können wir das gemeinsam tun."

Ich nickte. Das alles war noch ziemlich verwirrend, aber ich wusste, dass ich die Erlösung und das ewige Leben geschenkt haben wollte. Ich wusste, dass es richtig war.

Der junge Pfarrer senkte den Kopf und faltete die Hände.

„Herr Jesus", sagte er. (*Genau wie Hedwig, die redet Jesus auch direkt an!,* dachte ich.) „Florian möchte dir danken, dass du für unsere Sünden gestorben bist und uns erlöst hast. Er möchte dich jetzt bitten, dass du sein Hirte bist und ihn immer begleitest, sein ganzes Leben lang, und dass du ihm das ewige Leben schenkst."

„Ich bin bei euch bis ans Ende der Welt", flüsterte ich. Jetzt verstand ich, was dieser Satz bedeutete.

Herr Somlyay lächelte mich an. „Genau." Dann senkte er wieder den Kopf und fuhr fort: „Herr, Florian möchte von jetzt an dein Kind sein und dir nachfolgen. Wir bitten dich auch für Florians Vater, dass er bei dir ist und dass Florian ihn einmal wieder sehen wird."

Ich nickte zu all seinen Worten. „Amen!", flüsterte ich, weil ich nicht wusste, was ich sonst sagen sollte.

Herr Somlyay sah mich an und meinte: „Du kannst jederzeit auch so mit Jesus sprechen. Er ist jetzt dein Freund, dein guter Hirte, der bei dir ist bis ans Ende der Welt."

Ich nickte schwach. Das war alles ein bisschen viel auf einmal.

Der Pfarrer sah auf die Uhr und seufzte: „Ich muss dich jetzt leider verlassen, um sechs Uhr höre ich nämlich Beichte."

„Was, ist es schon sechs?", rief ich entsetzt. „Ich muss meine Kusine treffen!" Ich warf einen Blick aus dem Fenster. Das Gewitter schien vorbei zu sein. Es regnete nur noch ganz schwach.

„Morgen ist Sonntag", sagte Herr Somlyay, bevor wir aus dem Haus traten. „Diesmal ist Jugendmesse. Hast du nicht Lust, mit deinen Freunden zu kommen?"

„O ja, sehr!"

„Dann sehen wir uns morgen um zehn."

* * *

Während ich langsam zum Schießstand zurückwanderte, überkam mich auf einmal ein unerklärliches Gefühl von Freude und Geborgenheit. Tief drinnen wusste ich, dass Papa nicht tot war. Er lebte irgendwo, und eines Tages würde ich ihn wieder sehen. Und ich spürte auch, dass ich niemals wieder allein sein würde. Jesus war ganz nah bei mir und ich freute mich, dass wir jetzt Freunde waren! Es war toll. Und es war bestimmt keine Einbildung!

* * *

Beim Schießstand war weit und breit niemand mehr zu sehen. Die verlassenen Buden spiegelten sich in großen Pfützen. Nur meine Kusine Petra stand ganz allein und frierend mit ihrem Schirm am vereinbarten Treffpunkt.

„Mensch, Florian!“, schnaubte sie, und ihre Zähne klapperten vor Kälte. „Wo warst du bloß die ganze Zeit? Ich hab dich überall gesucht! Und wieso bist du überhaupt nicht nass?“

## 25

Nach dem Abendessen ging ich noch einmal zum Raberger-Hof hinüber.

„Hallo, ihr!" begrüßte ich Martin und Marieli. „Schau mal, Marieli, was ich auf dem Kirtag für dich geschossen hab!" Betont lässig hängte ich ihr das Lebkuchenherz um den Hals. Marieli las die Inschrift „Für ewig dein" und wurde rot. Da freute ich mich. Ich glaube, wenn Martin nicht dabei gewesen wäre, hätte ich ihr jetzt ein Bussi gegeben. Irgendwie war ich ein bisschen rührselig drauf.

„Junge Liebe!", spottete Martin. „Wie süß!"

Da wurden wir beide rot.

„Essen wir den Lebkuchen doch einfach auf!", schlug Marieli verlegen vor. „Dann ist die blöde Aufschrift weg."

Und das taten wir, während ich berichtete, was ich auf dem Friedhof gefunden hatte. Von meinem Gespräch mit Pfarrer Somlyay sagte ich nichts. Das war noch viel zu privat.

*„Der Wind weht, wo er will"*, wiederholte Marieli nachdenklich. „Was soll denn das heißen?"

*„Was ich geschrieben habe, bleibt geschrieben* heißt aber auch nichts Richtiges!", entgegnete Martin.

„Vielleicht liegen wir diesmal falsch", gab ich seufzend zu. „Allerdings ist es schon komisch, dass überhaupt ein Johannes-Kindergrab da war. Das spricht wieder dafür, dass wir die Hinweise doch richtig gelöst haben."

„Vielleicht ist es aber auch Zufall", meinte Martin.

„Hast du das Grabkreuz richtig angeschaut?", bohrte Marieli. „Vielleicht steht hinten was drauf, was die Hedwig hingeschrieben hat. Vielleicht ist es verwittert oder von Unkraut überwachsen. Hast du alles genau untersucht?"

„Nein", gestand ich. „Es hat gerade zu schütten begonnen."

„Dann müssen wir noch mal hin", seufzte Marieli.

„Ich . . . ich hab dann den Pfarrer getroffen, und er hat uns für morgen zur Jugendmesse eingeladen", erzählte ich zögernd. „Wir könnten doch erst in die Messe gehen . . . Damit er sich freut. Er war so nett zu uns. Dann können wir ihm gleich seine CD zurückgeben und das Grabkreuz noch mal anschauen."

Zu meiner Erleichterung fanden die beiden den Gedanken nicht abwegig, zur Kirche zu gehen.

„Da können wir mit der Oma im Auto mitfahren!", freute sich Marieli.

„Die Oma wird begeistert sein!", bemerkte Martin. „Die will doch immer, dass wir in die Kirche gehen."

„Ehrlich gesagt", meinte Marieli, „jetzt, wo ich mich so viel mit Bibelstellen befasst hab, interessiert es mich langsam wirklich, was dahinter steckt! Ob da auch was Wahres dran ist und so. In der Bibel scheint ja doch einiges an Action abzugehen!"

„Mhm", murmelte ich, um mich nicht zu verraten. „Der Jesus hat ganz schön was drauf!" (Und ich war jetzt sein Freund!)

„Also, wisst ihr was?" Martin hatte den Computer eingeschaltet. „Da wir nicht sicher wissen, ob wir Rätsel 4 richtig gelöst haben, schlage ich vor, dass wir uns Rätsel 5 ansehen und dann einfach mal losgehen und suchen." Der Drucker surrte und spuckte drei Zettel aus.

„Gute Idee." Ich nahm „Rätsel 5" an mich. „Dann sehen

wir uns morgen. Ich komm zu euch, und wir fahren gemeinsam zur Kirche."

* * *

Bevor ich schlafen ging, öffnete ich noch Stephans Brief. Einmal musste es ja sein. Und wollte Gott nicht, dass ich mich „mit meinem Bruder versöhnte", oder so ähnlich?

Der Brief lautete:

*Lieber Florian!*

*Nun sind wir beide also verwandt, sozusagen.*
*Ich weiß, dass das für dich nicht ganz einfach ist.*
*Ich habe mich dafür entschieden, deine Mutter zu heiraten, aber du hast dir MICH nicht aussuchen können. Trotzdem hoffe ich, dass wir gut miteinander auskommen und das Beste daraus machen werden.*
*Wenn du willst, darfst du mich „Papa" nennen, aber du musst nicht. Wir können auch bei „Stephan" bleiben. Ich bin nicht dein Vater und ich weiß, dass ich ihn dir nie werde ersetzen können.*
*Aber ich möchte versuchen, dein Freund zu werden.*
*Ein älterer, ein väterlicher Freund.*
*Vielleicht denkst du, dass ich dich nur in Kauf genommen habe, weil ich deine Mama liebe.*
*Aber das ist nicht wahr. Ich habe dich auch sehr, sehr gern. Wenn es nicht so wäre, hätte die Mama mich gar nicht geheiratet!*
*Ich hoffe, dass du schöne Ferien hast, und freue mich schon wieder auf dich!*

*Dein Stephan (Papa)*

Ich musste ein wenig schlucken, als ich den Brief las. Stephan wusste anscheinend ganz gut, wie ich mich fühlte! Versuchte er jetzt, sich bei mir einzuschleimen? Eines stand fest: „Papa“ würde ich ihn ganz bestimmt nicht nennen! Mein Papa war tot. Nein, mein Papa lebte bei Gott! Wie auch immer. Stephan war eben nur Stephan.

Aber er wollte versuchen, mein väterlicher Freund zu werden. Und das jetzt, wo doch gerade Jesus mein Freund geworden war?!

Na ja, vielleicht sollte ich Stephan auch eine Chance geben . . .

* * *

Die Raberger-Oma war tatsächlich ganz begeistert von der Idee, dass wir sie zur Messe begleiten wollten.

„Ich selbst hab die Jugendmesse ja nicht so gern“, gab sie zu, während sie das Auto vorsichtig über die holprige Straße lenkte. „Mir sind die Lieder zu laut und zu schnell. Ich bin eine alte Frau, mir gefallen die altmodischen Choräle aus dem Liederbuch besser. Aber einmal in zwei Monaten kann ich es schon aushalten. Es ist gut, dass unser Pfarrer auch etwas für euch junge Leute macht!“

Es gefiel mir, dass sie uns „junge Leute“ und nicht „Kinder“ nannte.

Tatsächlich hatte sich eine erstaunliche Menge Jugendlicher in der Kirche versammelt. Wer hätte gedacht, dass es so viele fromme Kinder gab! Pfarrer Somlyay zwinkerte mir zu, als er mich sah.

Unser Freund Max saß mit einer Gitarre vorn beim Altar vor einem Mikrofon, und ein Mädchen mit einer Querflöte stand daneben. Die Lieder waren ziemlich flott und mitreißend. Auch sonst fand ich die Messe eigentlich gar nicht so langweilig, wie ich befürchtet hatte. Die Bibelstellen, die vorgelesen wurden, waren wie für mich gemacht; jedenfalls war die Geschichte mit dem guten Hirten und dem Wolf dabei. Ob der Pfarrer das wohl extra für mich ausgesucht hatte? Nachher sprach er darüber, wie wichtig es auch heute noch war, in der Herde von Jesus zu sein, weil das Böse uns bedrohte. Und dass Jesus uns erlöste und uns das ewige Leben als Geschenk geben wollte. Ich glaube, ich begriff das alles heute schon ein bisschen besser als gestern, und ich war froh, dass ich mich entschlossen hatte, zu Jesus zu gehören.

Nach der Messe zeigte ich Marieli das Grab des kleinen Johannes, während Martin die CD zurückbrachte.

Marieli kniete sich gleich auf den Boden und kroch um die Gräber herum.

„Hier hinten ist die Farbe abgeblättert", verkündete sie, „aber es schaut nicht so aus, als ob hier mal was draufgestanden hätte." Sie untersuchte das eiserne Kreuz genau. „Nein. Hier ist nichts drauf. Weder vorn noch hinten." Stirnrunzelnd betrachtete sie die Inschrift. „Es muss ‚Johannes 3,8' heißen. Eine andere Möglichkeit sehe ich nicht."

„*Der Wind weht, wo er will*", zitierte ich. „Aber was bedeutet das?"

Marieli zuckte die Achseln. „Keine Ahnung."

# 26

Rätsel 5 lautete:

> Jer 17,8: *Er ist wie ein Baum, der am Wasser gepflanzt ist und am Bach seine Wurzeln ausstreckt:*
> *Er hat nichts zu fürchten, wenn Hitze kommt;*
> *seine Blätter bleiben grün; auch in einem trockenen Jahr ist er ohne Sorge, unablässig bringt er seine Früchte.*
> Ps 139,9: *Nehme ich die Flügel des Morgenrots und lasse mich nieder am äußersten Meer*
> 1 Makk 12,37: *Da kam das Volk zusammen und fing an zu bauen, und weil die Mauer am Bach im Osten verfallen war, bauten sie das Stück wieder auf, das Kafnata heißt.*

Nach dem gestrigen Unwetter war es wieder warm und sommerlich geworden. Wir hatten uns nach der Kirche unsere Badesachen geholt und planschten nun im Becken des Rothnersbaches unter der großen Weide herum. Rolli war auch mitgekommen. Er schwamm vergnügt im kalten Wasser und schüttelte nachher sein Fell aus, dass die Tropfen in alle Richtungen spritzten.

Nach der ersten Abkühlung waren wir wieder bereit für Denkaufgaben.

„*Ein Baum, der am Wasser gepflanzt ist*, das ist hier!“, sagte Marieli. „Oder dort drüben. Es gibt ein paar große Bäume hier am Bach.“

„Aber was soll das mit der Morgenröte?", fragte Martin. „Und *äußerstes Meer*? Meer haben wir hier keins."

„Mit ‚Meer' ist sicher einfach ‚Wasser' gemeint, also der Bach", vermutete ich.

„Und die Morgenröte?"

Marieli wusste Rat: „In vielen Büchern ist ‚Morgenröte' oder ‚Sonnenaufgang' ein anderes Wort für ‚Osten', stimmt's, Florian?"

Ich nickte. „Das passt auch zur dritten Stelle, da ist auch von Osten die Rede."

„Hm. Und wo ist Osten?", fragte Marieli.

„Schwachkopf! Da, wo die Sonne aufgeht natürlich!" Martin zeigte in östliche Richtung.

„Unser Badeplatz hier ist also so ziemlich die östlichste Stelle des Rothnersbachs", stellte Marieli fest.

„Lest mal die dritte Stelle genau!", rief ich. *„Die Mauer am Bach im Osten war verfallen!"*

Unsere Blicke wanderten zu dem verfallenen Mauerrest, auf dem wir unsere Kleider und Handtücher abgelegt hatten.

„Dann ist es wirklich hier!", freute sich Martin. „Endlich mal keine Fußmärsche! Es ist entweder an der Mauer oder am Baum!"

Wie auf Kommando stürzten wir alle los. Rolli, der dachte, jetzt käme etwas Interessantes, sprang aus dem Wasser und schüttelte in hohem Bogen die Tropfen aus dem Fell. Martin und ich untersuchten die alte Mauer, Marieli inspizierte den Baum.

„Ihr werdet es nicht glauben, aber ich hab's!", rief sie und umarmte vor Freude den nassen Hund, der ihr begeistert das Gesicht ableckte.

Tatsächlich war zwischen einem Herz mit der Inschrift „T & B 1962" und einem anderen, älteren mit „W & S" drin ein kleineres Herz in die Rinde geschnitzt, in dem stand „Mk 16,3".

„Mensch, *das*?!", rief Martin aus. „Das kenn ich eh schon ewig, ich hab mich immer gefragt, wieso Herr Mk sich ganz allein in ein Herz geschrieben hat! Und warum er zwar ein Datum – 16. 3. – angibt, aber keine Jahreszahl! Jetzt versteh ich das endlich!"

Marieli lachte vor Freude. „Hast du die Bibel dabei? Schau doch endlich nach!"

Ich hatte die Stelle schon gefunden. *„Sie sagten zueinander: Wer wird uns den Stein vom Eingang des Grabes wegwälzen?"*, las ich vor.

„Ein Stein, der vor einem Grab liegt!", wiederholte Martin. „Das soll wohl bedeuten, dass die Höhle, die wir suchen, von einem Stein verdeckt wird, oder?"

„Na los, worauf wartet ihr denn?", rief Marieli. „Gehen wir endlich zur Ruine rauf!" Sie rubbelte sich schon mit dem Handtuch ab.

„Ich lauf nur schnell nach Haus und geb den Hund ab", sagte ich. „Zur Ruine möchte ich ihn lieber nicht mitnehmen. Es ist dort so steil, ich hab Angst, dass er ausrutscht und abstürzt."

„Ach, schade! Einen Spürhund hätten wir gut gebrauchen können!"

„Quatsch! Selbst der genialste Spürhund kann keine Spur erschnüffeln, die sechzig Jahre alt ist!", ätzte ich. „Außerdem will ich meine Pfadfinderausrüstung holen. Man kann nie wissen!"

„Okay. Wir gehen uns nur schnell umziehen. Also, in fünf Minuten!"

* * *

Obwohl der Anstieg zur Ruine stellenweise recht steil war, rannten wir fast den ganzen Weg. Endlich tauchte vor uns die verbogene Blechtafel auf, die uns warnte: *„Achtung, baufällig! Betreten auf eigene Gefahr!“* Eine kleine eiserne Leiter führte von dort auf die unterste Ebene der ehemaligen Burg. Hier hatte sich wohl vor langer Zeit ein Vorbau befunden, von dem aus die Ritter Angreifer abwehren konnten, die über den Weg heraufkamen. Von den Mauern dieses Baus war fast nichts mehr übrig, und Gras und Unkraut, ja sogar kleine Bäume wuchsen aus den Mauerritzen.

*„Und siehe, lauter Nesseln waren darauf, und er stand voll Disteln, und die Mauer war eingefallen!“*, zitierte ich laut.

„Das kann man wohl sagen!“, meinte Marieli außer Atem. „Hier sieht's ja noch verfallener aus, als ich es in Erinnerung hatte!“

Martin war inzwischen über ein Stück Felsen auf die höhere Ebene der Burg geklettert und näherte sich der Außenmauer. Von der war noch ein bisschen mehr übrig. An ein paar Stellen konnte man sogar noch Luken und schmale, hohe Fensteröffnungen erkennen. Wir spähten alle drei durch die Löcher und über die niedrigen Stellen in der Mauer. Es war richtig schaurig, wie es hier senkrecht in die Tiefe ging! Weit unten in der Schlucht konnte man den Bach und die Straße erkennen. Kein Wunder, dass die Ritter ihre Burg gerade hier erbaut hatten! Sie hatten jeden heranrückenden Feind schon von weitem sehen und ihm von oben Steine auf den Kopf werfen können!

„Pass auf das Loch auf!“, warnte ich Marieli. Am Rand der oberen Ebene gab es einen viereckigen Schacht, der erst in den Boden hineinführte, dann aber in einem Bogen zur Außenmauer ging und dort in den Abgrund mündete. Weiß der Himmel, was das einmal war! Ein Ausguss? Vielleicht das Klo? Marieli war wahrscheinlich schon zu groß, um noch ganz

durch den Schacht zu rutschen. Aber dort hineinzufallen war auch dann nicht ungefährlich, wenn man stecken blieb. Um sich den Knöchel zu brechen, reichte es alle Mal.

„Glaubst du, dass dieses Loch gemeint ist mit der Höhle?", fragte Marieli. Schon lag sie bäuchlings auf dem Boden und steckte ihren Arm in den Schacht. „Aber es ist kein Stein davor, den man wegwälzen müsste", überlegte sie.

Ich studierte meine Zettel, die ich in der Hosentasche bei mir führte. *„Dort ging er in eine Höhle, um darin zu übernachten. Doch das Wort des Herrn erging an ihn: Was willst du hier, Elia?"*, las ich vor. „Laut diesem Hinweis ist es eine Höhle, die groß genug ist, um darin zu übernachten. Das hier ist nur ein Loch."

Hinter mir hörte ich Steine herunterrollen. Merkwürdig, ich hatte gedacht, dass Martin weiter vorne war! Wie war er nur unbemerkt hinter uns gekommen?

Gleich darauf hörten wir Martins Stimme ein Stück vor uns: „He, kommt mal und schaut, was ich gefunden habe!"

Eilig kletterten wir über Gestrüpp und Steine in die Richtung, aus der Martin rief. „Wenn der Martin da vorne ist – wer hat dann das Geräusch *hinter* uns gemacht?“, fragte ich.

Marieli zuckte die Achseln. „Wahrscheinlich eine Katze oder sowas.“

Martin war auf der flacheren Seite des Berges ein Stück den Abhang hinuntergestiegen. Hinter Felsbrocken und Gestrüpp versteckt hatte er ein Loch entdeckt, das ein wenig unterhalb der Burg lag.

„Wow, genial! Wie hast du das gefunden?“, staunte ich.

Er lachte ein bisschen verzerrt und rieb sich die aufgeschrammten Knie. „Ich bin gestolpert und von oben hineingerutscht.“

„Was du für ein Glück hast!“

Es war gar nicht so einfach, sich in das Innere der Höhle hineinzuzwängen. Direkt vor dem Eingang wuchs eine kräftige kleine Föhre, an der wir nur schwer vorbeikamen. Doch dann standen wir drin.

Ich nahm die Taschenlampe aus meiner Pfadfinderausrüstung und leuchtete die Höhle aus.

„Anscheinend war das mal ein Keller!“, flüsterte Martin.

Die Wände bestanden aus großen, unregelmäßigen Steinbrocken, genau wie die übrigen Mauern der Ruine. Das niedrige, halbrunde Gewölbe über unseren Köpfen hingegen war säuberlich aus lauter gleich großen, behauenen Steinen gemauert. Beim Eingang war ein Stück der Decke eingestürzt und herabrutschende Felsbrocken hatten den Einstieg verkleinert. Durch die Sträucher, die auch noch davor wucherten, war es im Inneren fast vollständig dunkel.

„Das ist eine Höhle, in der man übernachten könnte", stellte Martin fest. „Groß genug ist sie."

„Aber wie ist das mit dem Stein, der vor dem Eingang liegt?", fragte Marieli. „*Wer wird uns den Stein vom Grab wegwälzen* oder so – das fehlt doch!"

„Dafür waren Bäume vor dem Eingang", meinte Martin. „Außerdem, wer weiß, wie das im Jahr 1944 war?"

„Also, fassen wir doch mal zusammen", schlug ich vor. „Hinweis 1: *Eine Stadt, die auf einem Berg liegt, kann nicht verborgen bleiben* – das haben wir. Wir sind auf einem Felsen oben. Hinweis 2, *Nesseln und Disteln wuchsen darauf*, das haben wir auch. Das ist die Ruine. Jetzt Hinweis 5: *Wer wird uns den Stein wegwälzen vom Grab* – das deutet darauf hin, dass der Eingang versteckt liegt. Dann Hinweis 3 mit der Höhle ..."

„Nein, nein!", unterbrach mich Marieli. „Das ist doch falsch, das fällt mir jetzt erst auf! Warum sollte 5 vor 3 kommen? Die Hedwig hat die Hinweise sicher mit Absicht so nummeriert, wie sie's getan hat! Bestimmt muss man die Reihenfolge einhalten!"

„Du meinst doch nicht, dass zuerst die Höhle kommt und *dann* der Stein, der davor liegt! Das ist Unsinn!", wies Martin sie zurecht.

„Nein, das meine ich nicht!", schnappte Marieli giftig. „Ich meine, dass der fünfte Hinweis sich auf was anderes bezieht! *Zuerst* gehen wir in die Höhle. *Dann* schieben wir einen Stein weg. *So* ist das gemeint!"

Beinahe hätten die beiden sich in die Wolle gekriegt. Ihre Stimmen klangen dumpf in dem niedrigen Keller. Ich drängte mich schnell zwischen sie und sagte: „Denkt dran, dass wir nicht genau wissen, was mit Hinweis 4 gemeint ist!"

Die beiden regten sich ab und wandten sich wieder dem Rätsel zu.

„Da gibt's zwei Möglichkeiten, welche waren das?", erkundigte sich Martin.

Ich suchte mit der Taschenlampe meine Papiere ab.

„Hier, die eine Stelle heißt: ‚*Der Wind weht, wo er will, und du hörst sein Brausen wohl; aber du weißt nicht, woher er kommt und wohin er fährt. So ist es bei jedem, der aus dem Geist geboren ist.*' Und die andere Möglichkeit ist ‚*Pilatus entgegnete: Was ich geschrieben habe, bleibt geschrieben*'."

„Hm." Martin schüttelte den Kopf. „Das ist beides komisch, nicht? Aber vielleicht bedeutet das mit dem Geschriebenen, dass Hedwig irgendwo was draufgeschrieben hat."

Wir gingen näher an die Wand heran und begannen sie vom Eingang her genau abzusuchen. Wir fanden alles Mögliche – Spinnweben, Spinneneier, Rußflecken, die vielleicht von Kerzen oder Fackeln stammten, aber keine Inschrift. Marieli ging inzwischen tiefer ins Dunkel des Kellers. Plötzlich blieb sie reglos stehen und sah sich um.

„Kommt mal her!", bat sie.

Wir stellten uns neben sie.

„Spürt ihr das?", flüsterte sie.

„Was?"

Wir strengten uns an, achteten auf jede mögliche Wahrnehmung. Und dann fühlte ich, was Marieli meinte: Ein schwacher Lufthauch strich uns übers Gesicht.

„Wo kommt denn der Luftzug her?", wunderte sich Martin.

„*Der Wind weht, wo er will – du weißt nicht, woher er kommt!*", wiederholte Marieli fast ehrfürchtig.

„Maria Elisabeth Raberger!", sagte ich feierlich. „Du bist doch die Schlauste von uns allen!"

Martin hatte schon angefangen, dem Windhauch nachzugehen. Nach kurzem Suchen fanden wir seinen Ursprung: Am hintersten Ende des Kellers gab es einen Belüftungsschacht, der anscheinend in einem Bogen nach oben ins Freie führte. Licht drang nicht herein, aber der Wind konnte durchziehen.

„Also gut!“ Ich zählte auf: „Damit haben wir Hinweis 3, die Höhle, abgehakt, und Hinweis 4, die Sache mit dem Wind, ebenfalls. Wenn wir annehmen, dass Hinweis 5 als Letztes drankommt, dann müssten wir jetzt irgendeinen Stein von irgendwo wegwälzen.“

Ich griff aufs Geratewohl an einen großen Steinbrocken, der direkt neben dem Belüftungsschacht in die Wand eingemauert war, und rüttelte daran.

Der Stein ließ sich bewegen!!!

Ich war so überrascht, weil das Ding sich tatsächlich rührte, dass es mir aus der Hand rutschte und zu Boden fiel. Nur ein schneller Sprung rückwärts rettete mich davor, dass meine Zehen darunter zermalmt wurden. An der Stelle, wo der Stein fehlte, klaffte jetzt ein Loch etwa so groß wie mein Kopf.

Ich richtete den Strahl der Taschenlampe in die Öffnung. Wir hielten alle drei den Atem an. Marieli schlug sich die Hand vor den Mund.

„Da ist was drin!“, japste sie.

# 28

Mein Herz klopfte zum Zerspringen. War es denn möglich, dass in dem Versteck wirklich noch etwas war?

Etwa gar ein Schatz?

„Hol's raus!“, flüsterte Marieli.

Vorsichtig steckte ich meine Hand in das Loch. Meine Finger berührten etwas Weiches, wie Stoff. Ich zog es heraus. Es war ein mit Lumpen umwickeltes Bündel, ungefähr so groß wie ein Fußball.

Martin und Marieli griffen mit zitternden Händen zu und gemeinsam wickelten wir den Stoff ab. Im Inneren fanden wir ein Kistchen aus Holz. Es war verschlossen.

Und es war ganz sicher nicht leer!

„Hurra!“, brüllte Martin, und das klang in dem niedrigen Keller richtig schaurig. „Wir haben den Schatz!“

„Ja!“, schrie ich begeistert, klatschte meine Handfläche gegen Martins und umarmte Marieli stürmisch. „Wir haben ihn gefunden!“

Aber im nächsten Augenblick gefror uns das Blut in den Adern zu Eis, denn von irgendwo ertönte eine schreckliche Stimme, und sie rief:

„Lasst meinen Schatz in Ruhe, ihr Grabräuber!“

# 29

Marieli kreischte erschrocken auf. Ich drückte das Holzkästchen fest an mich und sah mich hastig um, von wo die schaurige Stimme kommen mochte. Sie gehörte zu derselben Person, die uns in der Nacht vom Thaler-Hof vertrieben hatte!

„Der Fluch des Werwolfs!“, hauchte Martin. Er sah im trüben Schein der Taschenlampe totenblass aus.

„Raus hier!“, schrie ich und wollte zum Ausgang rennen. Einen Augenblick lang sah ich, wie sich dort etwas bewegte, dann stürzte plötzlich unter donnerndem Rumpeln der vordere Teil der Decke ein. Steine und Felsbrocken kollerten herab. Ein Stein schlug mir die Taschenlampe aus der Hand. Staub rieselte mir in die Augen und stieg mir in die Nase. Ich stolperte gegen die Rückwand des Kellers.

* * *

„Aua.“

„Marieli? Martin?“

Husten.

„Ich bin hier. Hast du dir wehgetan?“, fragte eine Stimme rechts von mir. Es war Marieli.

Stöhnen.

„Alles okay bei euch?“, krächzte Martin auf meiner anderen Seite.

„Ich glaube schon.“

Ich rappelte mich auf und kroch auf allen Vieren zu meiner Taschenlampe, die zum Glück noch leuchtete.

„Was war jetzt eigentlich los?“, fragte ich.

„Ich . . . ich glaube, ich kann das erklären!“, sagte eine gepresste Stimme vor uns.

Wir erschraken fast zu Tode. Vor Schreck wichen wir ganz an die hinterste Wand zurück. Marieli griff im Halbdunkel nach meiner Hand.

„Keine Angst!“, brachte die fremde Stimme mühsam hervor. „Ich bin’s nur, der Max!“

Obwohl meine Hand wie verrückt zitterte, brachte ich es fertig, den Strahl der Taschenlampe nach vorne zu richten. Und da, halb über, halb unter einem Berg aus Steinen und Felsen, lag tatsächlich Max, der Ministrantenleiter, mit zerschrammtem Gesicht und versuchte ein Lächeln, das ziemlich verzerrt ausfiel.

„Du?“, platzte Martin heraus. „Was machst *du* denn hier?“

„Helft mir doch mal!“, bat der Bursche. „Ich glaube, mein Arm ist gebrochen!“

Wir kamen zögernd näher. Max’ Arm lag unter mehreren Steinen begraben. Wir halfen ihm, sie wegzuräumen. Der Arm sah tatsächlich nicht gut aus. Abgesehen von mehreren blutigen Kratzern stand der Unterarm in einem unnatürlichen Winkel weg. Max stöhnte auf, als er den Arm an den Körper zog.

„Ich wollte euch erschrecken“, gestand er. „Darum hab ich mich vorn beim Höhleneinstieg – also eigentlich etwas oberhalb – versteckt und hereingerufen. Aber dann hat plötzlich der Boden unter mir nachgegeben und ich bin mitsamt der Decke durchgebrochen. Mein linker Arm war anscheinend das Allerunterste.“ Er grinste schief.

„Na, jetzt schauen wir gut aus!“ Martin hatte den Eingang untersucht. „Der Eingang ist zu! Da kommen wir nicht mehr raus!“ Er grub ein bisschen im Geröll herum. „Die Öffnung ist jetzt viel zu klein, nicht mal Marieli kommt da noch durch!“

„Was, echt?“ Ich stürzte hin. Das Loch war so groß, dass man gerade noch die Hand durchstecken konnte. „Können wir uns nicht rausgraben?“

Gemeinsam versuchten wir, die Öffnung zu erweitern, aber die großen Steine hatten sich im Fallen so ineinander verkeilt, dass wir sie nicht vom Fleck bewegen konnten.

Max hatte sich weiter hinten, im unversehrten Teil der Höhle, an die Wand gelehnt. Er sah sehr blass aus und umklammerte krampfhaft seinen verletzten Arm.

„Los, hilf gefälligst mit!“, schnauzte ich ihn an. „Du bist der Stärkste von uns!“ Doch als ich ihn ansah, wurde mir klar, dass er zum Graben nicht zu gebrauchen war.

„Na, da hast du uns ja was Schönes eingebrockt!“, schimpfte Martin. „Wieso hast du überhaupt gewusst, dass wir hier sind?“

Max lehnte den Kopf an die Mauer und schloss die Augen. Er musste große Schmerzen haben.

„Es tut mir Leid“, murmelte er. „Das wollte ich nicht, wirklich! Ich wollte euch nur ein bisschen erschrecken. Nur zum Spaß.“

„Toller Spaß!“, knurrte Martin.

„Also sag schon, woher hast du gewusst, dass wir hier sind?“, wiederholte Marieli Martins Frage. Sie war ziemlich bleich, aber sie weinte nicht. Ich fand das sehr tapfer von ihr, denn schließlich war sie nur ein Mädchen und erst elf Jahre alt! Sie hatte sogar unsere Schatzkiste aufgehoben und hielt sie fest umklammert.

Max fuhr sich nervös mit der Zunge über die Lippen. „Als ihr mir von eurer Bibel-Schnitzeljagd erzählt habt“, begann er, „da ist mir gleich der Gedanke gekommen, dass das auch eine gute Idee für einen Ministranten-Abenteuernachmittag wäre. Und als ich das Rätsel für euch kopiert habe, da hab ich einfach für mich auch gleich eine Kopie gemacht.“

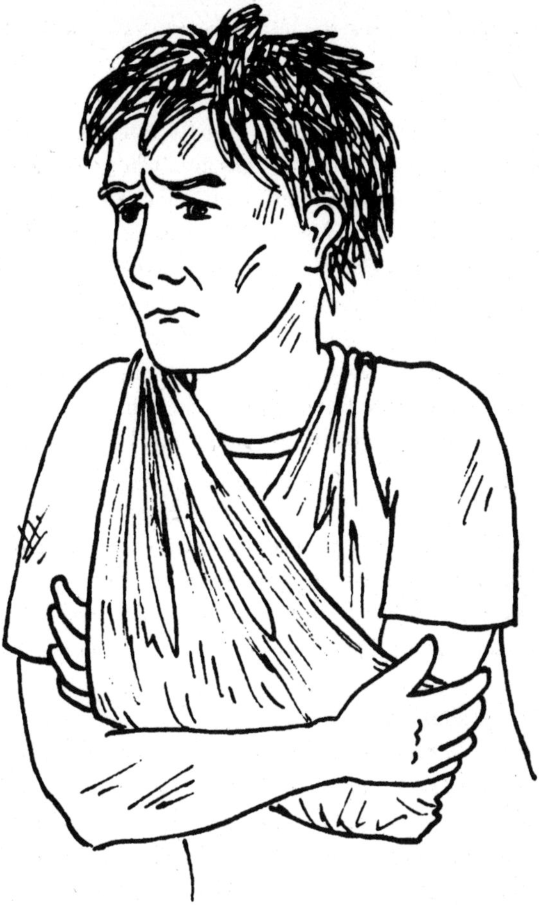

„Gemeinheit!“, entfuhr es Marieli. „Du hättest uns fragen müssen!“

„Ja. Entschuldigung.“ Der große Bursche wirkte ziemlich kleinlaut. „Na, jedenfalls hab ich die Hinweise rausgesucht und bin zu denselben Lösungen gekommen wie ihr.“

„Dann warst das also *du* damals in der Nacht beim Thaler-Hof?“, staunte ich.

„Ja. Zufällig habe ich am selben Abend nach dem Hinweis gesucht wie ihr, aber bevor ich ihn gefunden hatte, habe ich euch bemerkt. Da hab ich mich versteckt und gewartet, ob ihr etwas findet. Und dann hab ich euch verscheucht.“

„Verscheucht ist gut!“, schnaubte Marieli. „Ich wäre fast gestorben vor Schreck! Ich hab geglaubt, du bist ein Vampir oder ein Werwolf oder sonst was!“

„Tut mir Leid.“

„Na, und?“, drängte ich. „Was dann? Offenbar hast du den Schatz nicht gefunden! Oder – ?“ Ein schrecklicher Gedanke schoss mir durch den Kopf. „Hast womöglich *du* uns diese Kiste versteckt?“

Max schüttelte gequält den Kopf. „Nein. Ich hab's nicht gefunden. Genau wie ihr wusste ich nicht, was mit Hinweis 4 gemeint war. Na, jedenfalls, gestern beim Kirtag hast du zu mir gesagt, dass ihr heute den Schatz heben wollt. Dann hab ich euch in der Kirche gesehen, also hab ich gewusst, dass ihr erst nachher suchen geht. Daher konnte ich leicht mit euch zugleich hier sein.“

Ich nickte. „Ich hab dich vorhin schon gehört, aber wir haben gedacht, es ist nur eine Katze.“

Max presste die Lippen aufeinander. „Kurz und gut, ich bin nicht draufgekommen, was mit dem *Wind, der weht, wo er will* gemeint ist. Und dann habe ich euch schon kommen gehört und hab mich wieder versteckt. Ich wollte euch nichts tun, ehrlich. Nur einen kleinen Schrecken einjagen.“ Er stöhnte unterdrückt.

„Und jetzt sitzen wir hier fest“, brummte Martin düster.

# 30

Wir hockten schon mindestens eine Stunde in dem alten Keller. Ich hatte Max eine Armschlinge angelegt, wie ich es bei den Pfadfindern gelernt hatte. Er schien jetzt weniger Schmerzen zu haben, aber dass er einen Ausgang graben konnte, war ganz ausgeschlossen.

„Wenn wir nicht zum Mittagessen kommen, werden sie uns vielleicht suchen!", hoffte Marieli.

„Das kann aber lang dauern!", bemerkte Martin mit Grabesstimme. „Erst werden sie denken, wir verspäten uns. Dann werden sie denken, dass wir beim Florian sind. Und wenn sie dann endlich zu suchen beginnen, kann es Tage dauern, bis jemand hier oben nachschaut!"

„Meinst du echt?", fragte Marieli, und jetzt zitterte ihre Stimme doch bedenklich. „Können wir denn gar nichts machen?"

Beten.

*„Der Herr ist mein Hirte"*, hörte ich mich sagen, *„mir wird nichts mangeln."* Weiter konnte ich es nicht auswendig.

*„Er weidet mich auf einer grünen Aue und führet mich zum frischen Wasser"*, fuhr Max fort.

„Du kennst das?", fragte ich verblüfft.

„Mensch, ich bin fast zehn Jahre lang Ministrant! Ich leite eine Ministrantengruppe! Da kenne ich vielleicht die eine oder andere Bibelstelle, oder?" Und er zitierte weiter: *„Er erquicket meine Seele. Er führet mich auf rechter Straße um seines Namens willen. Und ob ich schon wanderte im finstern Tal,* *fürchte ich kein Unglück; denn du bist bei mir, dein Stecken und Stab trösten mich.*"

Marieli rückte ganz nah an mich heran und flüsterte: „Glaubst du, dass das wahr ist?"

Ich nickte, aber das konnte sie nicht sehen. „Glaubst du das, Max?", fragte ich.

„Was?"

„Dass Gott bei uns ist und uns tröstet, auch wenn wir in einem finsteren Tal wandern . . . oder in einem finsteren Keller festsitzen?"

Max dachte nach. „Ja", sagte er dann mit Bestimmtheit. „Ja, das glaube ich."

„Dann bitte Gott doch, dass er uns hier rausholt!", meinte Marieli.

„Ja", sagte Max. „Machen wir das. Alle vier." Er konnte die Hände nicht falten, aber er senkte den Kopf und murmelte: „Vater, ich habe diese drei Kinder durch meine Dummheit in Gefahr gebracht. Bitte verzeih mir, und bitte hilf uns hier wieder heraus. Amen."

„Amen!", bekräftigten wir drei. Ich musste an Pfarrer Somlyay denken, der beim Beten genau so den Kopf gesenkt hatte und auf eine ähnlich vertrauliche Art mit Gott geredet hatte wie Max jetzt. Na klar – von wem hatte Max es wohl gelernt?!

Dann warteten wir. Ich glaube, jeder von uns betete im Stillen, dass uns bald jemand fand.

Lange saßen wir so da. Es war ganz komisch: Ich hatte zwar Angst, aber irgendwie spürte ich die ganze Zeit, dass Gott da war und dass alles gut werden würde.

Gerade als ich mich zu fragen begann, wie lange Gott wohl noch brauchte, ertönte draußen Hundegebell, und im nächsten Augenblick kam eine schnüffelnde Hundeschnauze durch die kleine Öffnung am Eingang der Höhle.

Ich stürzte hin.

„Rolli!", schrie ich begeistert.

* * *

Es dauerte höchstens eine halbe Stunde, bis der Raberger-Bauer und Onkel Franz den Eingang frei geschaufelt hatten. Überglücklich kletterten wir aus dem Loch. Rolli fiel gleich über mich her und leckte mir nicht nur das Gesicht ab, sondern die Haare gleich dazu, und sein Schwanz wedelte so heftig, dass der halbe Hund mitwackelte.

„Rolli! Du kluger, guter, braver Hund!" Ich konnte gar nicht genug Lobesworte finden. „Du hast uns gefunden! Du Super-Spürhund!" Ich umarmte ihn überschwänglich.

„So, und jetzt erzählt's ihr uns gefälligst, was ihr da drinnen gesucht habt's!", grollte der Raberger-Bauer.

Jetzt erst wandte ich mich dem menschlichen Rettungs-Team zu. Unsere Familien schienen in höchster Alarm-bereitschaft gewesen zu sein, denn alle hatten sich versammelt, um uns zu suchen: die Raberger-Eltern, die Raberger-Oma, Onkel Franz, Tante Helga, meine Oma und sogar Petra. Alle waren Rollis Spürnase gefolgt und hatten die Ruine erklettert.

„Papa, wir haben was gefunden, einen richtigen Schatz!", sprudelte Marieli hervor und präsentierte das verschlossene Kästchen.

Alle Augen richteten sich auf die Kiste. Die Raberger-Oma zog scharf die Luft ein.

„Und wegen solchen Kindereien – ?", wollte Marielis Vater schimpfen, aber die Raberger-Oma fiel ihm ins Wort und schnaufte:

„Macht's es doch auf!"

„Es ist abgeschlossen!", sagte Martin.

„Kann man es nicht aufbrechen?", fragte seine Oma.

Ich nahm mein großes Pfadfinder-Taschenmesser und schob die Klinge zwischen Kiste und Deckel. Das ganze Ding war morsch und rostig, und in zwei Minuten hatte ich es offen. Alle schauten ehrfürchtig auf den Inhalt.

Obenauf lag ein Stapel Papier. Vergilbt, voller Stockflecken und an einer Seite von Schimmel überzogen. Ich hob die Papiere auf, und darunter kam tatsächlich ein Schatz zum Vorschein! Zwei oder drei dünne silberne Ketten, eine Brosche mit roten Steinen drauf, ebensolche Ohrringe und ein kleines, in ein Tuch gewickeltes Bündel.

Marieli griff nach dem Bündel und wickelte es vorsichtig aus. Zum Vorschein kam das schönste Schmuckstück, das ich je gesehen hatte. Es war ein zehnzackiger Stern, der mit großen und kleinen glasklaren Edelsteinen besetzt war. Wir hielten die Luft an.

„Der Haarstern der Kaiserin!“, flüsterte die Raberger-Oma.

Wir alle starrten das Ding in Marielis Hand an. Ich war überwältigt. Dass wir so etwas Tolles finden würden, hatte ich nicht erwartet. Sogar Max, der sich an Petra anlehnte, schaute ehrfürchtig.

„Das . . . das ist sicher sehr wertvoll, oder . . .?“, stammelte Martin.

„Ja“, sagte ich, „aber es gehört uns nicht. Es gehört höchstwahrscheinlich der Familie Thaler. Sie müssen es nach dem Krieg vergessen haben! Jetzt müssen wir also herausfinden, wo die Thalers leben!“

„Ich glaube, da kann ich euch weiterhelfen“, murmelte die Raberger-Oma. „Ich bin eine geborene Thaler.“

# 31

„Du??", riefen Martin und Marieli wie aus einem Mund.

„Da, schaut's nur!" Die Oma hatte den Stoß Papiere genommen und aufgefaltet. Sie hielt ihren Enkeln eines der halb verschimmelten Blätter hin. „Meine Geburtsurkunde!"

Ich sah meinen Freunden über die Schulter. „Theresia Thaler", las Martin. „13. 5. 1936."

„Dann sind Sie die Resi!", platzte ich heraus. „Die Schwester vom Willi!"

„Woher weißt du das?", fragte die Oma grenzenlos verblüfft.

„Weil . . . ich hab doch das Tagebuch gefunden . . . von der Hedwig, diesem Mädchen, das im Krieg bei Ihnen gewohnt hat . . ."

„Mein Gott, die Hedi!" Oma Rabergers Blick ging in weite Ferne. „Der Willi . . . und der Hansi . . . Mein Gott!" Sie schüttelte den Kopf. Tränen standen in ihren Augen, als sie die vergammelten Papiere weiter durchblätterte.

„Äh . . . vielleicht können wir das alles zu Hause weiter besprechen", sagte der Raberger-Bauer. „Wir haben hier einen Verletzten, der sollte zum Arzt. Sonst sind doch alle unverletzt, oder?"

Wir nickten alle drei, dann brach der ganze Tross ins Tal auf. Max setzte seine Schritte sehr vorsichtig. Es hätte seinem Arm, den er eng an den Körper gedrückt hielt, gar nicht gut getan, wenn er ausgerutscht oder gestolpert wäre. Petra blieb treu an seiner Seite und stützte ihn.

Ich grinste in mich hinein. Der Ersatz für den Mopedfahrer?

* * *

Obwohl ich auch ein paar Abschürfungen davongetragen hatte und im Übrigen ziemlich dreckverschmiert war, setzten wir uns alle noch in der Küche der Rabergers zusammen. Max rief seine Eltern an, damit sie ihn abholen kamen, und dann mussten wir alles der Reihe nach erzählen.

„Ein Bibel-Rätsel!", rief die Raberger-Oma. „Das sieht der Hedi ähnlich! Uns Kleineren hat sie auch immer aus der Bibel vorgelesen und erzählt. Ich hab sehr viel gelernt bei ihr. Jaja. Ich verdanke ihr eine ganze Menge – trotz der kurzen Zeit. Aber erzählt's erst ihr fertig!"

Abwechselnd und durcheinander erzählten wir unsere Abenteuer. Max wurde zwischendurch von seinen besorgten Eltern abgeholt, und Petra ließ sich das Ende unserer Geschichte entgehen, um Max ins Krankenhaus zu begleiten.

„Na, du machst Sachen!" Onkel Franz schüttelte sorgenvoll den Kopf, als wir fertig waren. „Da denkt man, du spielst auf dem Heuboden; dabei heckst du solche Streiche aus! Bei Nacht über den Wildzaun! Florian!! Hast du auch mal dran gedacht, dass ich die Verantwortung für dich trage? Was soll ich denn deinen Eltern sagen, wenn dir was passiert?"

Ich zuckte zusammen, als er „deine Eltern" sagte. Stephan war nicht mein Vater! Aber . . . na ja . . . ich würde mich daran gewöhnen müssen.

„Tut mir Leid!", sagte ich. „Aber es war eigentlich nie gefährlich – wenn der Max nicht durch die Kellerdecke gebrochen wäre, wäre überhaupt nichts passiert!"

Onkel Franz zog seufzend die Augenbrauen hoch. Anscheinend malte er sich aus, was geschehen wäre, wenn der Wildhüter uns nachts im Thaler-Hof erwischt hätte.

„Und du bist wirklich die kleine Resi, Oma?“ Marieli konnte es nicht fassen. „Und wo sind deine Geschwister, der Willi und der Hansi? Und wieso hat niemand die Wertsachen nach dem Krieg aus dem Versteck geholt?“

Die Raberger-Oma seufzte abgrundtief und bedeckte die Augen mit der Hand.

„Die Russen sind schließlich doch in unsere Gegend gekommen“, erzählte sie leise. „Unser Hof wurde niedergebrannt. Wir haben fliehen müssen, nur mit den Kleidern am Leib und einem Stück Brot in der Hand. Aber dann haben sie uns doch erwischt. Meine Großmutter und ich waren die Einzigen, die überlebt haben.“

Wir schwiegen wie gelähmt vor Entsetzen. Willi, Hansi, Hedwig, Mutter Thaler, Großvater Thaler . . . alle tot?

„Wir haben dann bei meiner Tante gelebt, so lange, bis mein Vater aus dem Krieg zurückgekommen ist“, erzählte die Oma weiter. „Wo die Wertsachen waren, hab ich nicht gewusst. Ich war ja erst acht oder neun Jahre alt. Mir hat keiner was von dem Versteck erzählt. Das Rätsel, das die Hedi sich ausgedacht hat, war ja anscheinend nur für den Willi gedacht?“

Sie schaute fragend in meine Richtung, und ich nickte.

„Also hat nur er das Versteck gekannt. Und die Hedwig und meine Mutter wahrscheinlich. Sonst niemand. Mir hat die Großmutter später immer erzählt, die Wertsachen haben die Russen mitg'nommen.“

Sie nahm den funkelnden Stern zärtlich in die Hand. „Und jetzt ist alles wieder da!“, hauchte sie, als könne sie es nicht glauben. „Dieser Stern war ein Haarschmuck von der Kaiserin Sisi. Sie hat ihn der Mutter meiner Großmutter persönlich geschenkt. Die war Kammerzofe bei ihr und hat ihr irgendeinen besonderen Dienst erwiesen.“

Ich war noch immer sprachlos vor Entsetzen.

„Die . . . die Hedwig ist damals von den Russen . . . ermordet worden?", brachte ich mühsam hervor.

Die Oma nickte traurig. „Und meine Brüder und meine Mutter. Aber alle drei sind als Christen gestorben und das war Hedwigs Verdienst. Und auch mir hat sie zum Glauben geholfen."

*Und mir*, dachte ich. *Das ist der größte Schatz, den ich bei dieser Schatzsuche gefunden habe.*

„Florian", sagte der Raberger-Bauer feierlich, „eigentlich verdanken wir es dir, dass wir unseren Familienbesitz zurückbekommen haben. Dafür sollst du eine Belohnung haben. Such dir von den kleineren Sachen etwas aus!" Er deutete auf die Kettchen und Broschen.

„Ich möchte Hedwigs Bibel behalten", sagte ich schnell.

* * *

Der Raberger-Bauer hatte mir dann doch noch einen großen Geldschein draufgelegt. Der war natürlich auch nicht zu verachten! Wenn die ersten Schätzungen stimmten, dann war der Stern so wertvoll, dass es am Raberger-Hof bald ein Kühlhaus geben würde und somit auch den einträglichen Verkauf von Bio-Rindfleisch direkt vom Hof.

Am Abend, als ich allein in meinem Zimmer saß, nahm ich Hedwigs Bibel und ihr Tagebuch heraus. Nachdenklich betrachtete ich die Sachen, die vor so langer Zeit einem Mädchen gehört hatten, das ich nie kennen lernen würde. Hedwig war nicht älter als sechzehn oder siebzehn geworden . . . Kurz nachdem sie das Bibel-Rätsel aufgeschrieben hatte, war sie gestorben und zu ihrem Vater in die Wohnung im Himmel gekommen – zu Jesus, der jetzt auch mein Freund war.

Ich seufzte tief.

Dann nahm ich ein sauberes Blatt Papier und schrieb einen Brief an meinen Stiefvater.

DER ZWEITE BAND MIT FLORIANS SPANNENDEN ABENTEUERN!

Eva Breunig:

**FLORIAN UND DIE RÄTSELHAFTE SPUR**

Endlich kann Florian mal wieder die Ferien mit seinen Freunden Martin und Marieli in Oberrothnersbach verbringen. Eigentlich ist das ja eher ein beschauliches Dorf – aber nur auf den ersten Blick! Kaum ist Florian angekommen, zeichnet sich nämlich schon ein neues Abenteuer ab: Auf dem Friedhof sollen nachts seltsame Gestalten beobachtet worden sein und man hörte ein unheimliches Heulen ... dabei gibt es doch in der Gegend schon seit Jahrhunderten keine Wölfe mehr!

Florian, Martin und Marieli beschließen, der Sache auf den Grund zu gehen. Doch als sie sich um Mitternacht auf den Friedhof schleichen, scheint das alles plötzlich doch nicht mehr so eine gute Idee zu sein. Denn die drei werden Zeugen eines ziemlich finsteren Rituals. Und ehe sie sich´s versehen, geraten sie selbst in Gefahr ...

Taschenbuch, 128 Seiten, Best.- Nr. 815 771